눈으로 보고 손으로 만드는 한국사 유물 열아홉

일러두기
- 맞춤법과 띄어쓰기는 〈표준국어대사전〉을 따랐습니다.
- 유물 이름은 유물 소장처의 표기법을 참고하여 표기했습니다.

이 책 내용은 '티처빌연수원'의 《알아 두면 쓸데 있는 신나는 박물관 이야기》 동영상 강좌로도 만날 수 있습니다 (http://www.teacherville.co.kr).

눈으로 보고 손으로 만드는
한국사 유물 열아홉

안민영 글 | 김윤영 그림

책과함께어린이

이 책을 펼친 너희들에게

질문 하나 할까? 너희들은 앞으로 친구를 만나야 해. 그런데 두 가지 방법이 있어. 첫 번째는 줄지어 서 있는 백 명의 아이들과 눈만 마주치며 지나오는 거야. 그리고 두 번째는 그중 딱 열 명의 아이만 골라서 일대일로 이야기를 나누고 오는 거야. 너희들은 어느 쪽을 선택할래? 두 가지 만남 중에, 어떤 시간이 더 기억에 남게 될까. 아무래도 백 명의 친구를 스치듯 지나오는 것보다는 열 명의 친구들과 각각 이야기를 나누고 온 시간이 보다 기억에 남지 않을까 싶어.

이번에는 내 이야기를 좀 해 볼게. 박물관에 갔던 이야기야. 관람실은 어두운데 유물마다 조명이 은은히 비치고 있었지. 그때 발걸음을 뗄 수 없게 만드는 그림이 한 장 있었어. 조선 시대 한 유학자의 초상화였지. 풍채가 좋은 늙은 유학자의 초상화에서는 나를 압도하는 기운이 뿜어 나오는 듯했어. 그렇게 그 그림 앞에서 십 분을 넘게 서 있었어. 참으로 신기한 경험이었어.

왜 그랬을까. 처음 온 곳도, 처음 보는 그림도 아니었는데. 왜 이런 기분이 들었을까 하고 곰곰이 생각해 봤어. 아마도 내 마음가짐 때문이었던 듯싶었어. 이 날 나는 박물관에 있는 그 많은 유물을 다 보고 오자는 생각 대신 오늘은 조선 시대관만 천천히 보고 오자고 생각했지.

백 개의 유물을 봐야겠다는 욕심이 아니라 딱 열 개의 유물만 보고 오자고 생각했고, 만나게 될 유물을 미리 조사해서 나선 길이었거든.

    너희들, 박물관에 갔던 적이 한 번쯤 있지? 여기까지 왔으니 널따란 박물관은 다 돌아봐야 할 것 같고, 그러다 보면 1층 몇 군데 관람실만 다녀오면 이내 지쳐서 바닥에 주저앉게 되지. 문을 열고 나오면서는 막상 기억에 남는 유물도 없고 말이야.

    우리 이렇게 박물관에 가 보면 어떨까?

    유물 딱 열 개만 보고 오겠다는 마음으로 시작해 보는 거야. 그리고 내가 만나게 될 유물에 대해 미리 찾아보고 나서는 거지. 유물과 특별한 관계를 맺는 거야. 너무 욕심내지 말고, 한 번 갈 때마다 딱 열 개씩만.

    너희가 그렇게 유물과의 관계 맺기를 통해 '나만의 문화재'를 발견하는 일에 이 책이 도움이 되었으면 좋겠어. 박물관의 유물 앞에 머물러 서서 찬찬히 들여다보고 있는 너희들의 모습을 기대해 볼게.

안민영

아이에게 이 책을 건네주었을 부모님께

　예전에 경주 용강동 고분에서 흙으로 만든 말 모양 인형이 출토되었습니다. 그런데 말의 안장 안쪽에서 지문이 발견되었지요. 바로 1,500여 년 전, 이 흙인형을 만든 도공의 지문이었답니다. 이처럼 실상 박물관에 놓여 있는 그 많은 유물도 이렇게 옛사람들이 직접 손으로 빚고 만든 것들이지요.

　조선의 대표적인 도자기인 달항아리 백자에는 군데군데 얼룩이 있습니다. 당시 사람들이 담아 놓았던 간장 같은 것들이 배어 나오면서 생긴 흔적입니다. 국보로 지정되어 지금은 박물관에 놓여 있는 백자도 당시에는 가정에서 간장을 담아 놓고 사용하던 그릇이었지요.

　아이들이 박물관에 가서 흙인형과 백자 앞에 서서, 제작 시기와 기법을 학습지에 베껴 적기 바쁘지 않았으면 좋겠습니다. 대신, '흙인형에 지문을 남긴 장인'과 '백자에 간장을 붓는 아낙네'를 상상할 수 있었으면 좋겠습니다.

　박물관에 가면 아이들이 참 많습니다. 그런데 우리 아이들이 박물관에서 유물을 만나는 모습을 가만 들여다보면, 가끔은 교과서에 실린 사진을 보는 것과 과연 뭐가 다를까 싶은 생각이 들기도 합니다.

　아이들은 고구려 전시실에 가서 호우명 그릇을 봅니다. 호우명 그릇은 고구려와 신라의 밀접한 관계를 보여 주는 유물입니다. 수능에서도 여러 차례 출제된 바 있지요. 교과서에서도 이야기합니다. 고구려와 신라는 밀접한 관계를 맺었고, 그 근거 중 하나가 호우명 그릇이라고요. 그런데 말이죠. 이야기 순서를 좀 바꿔 보면 어떨까요?

먼저 호우명 그릇을 보여 줍니다. 여기 그릇 바닥에 있는 글자를 같이 한번 읽어 보자. 고구려왕의 이름이 쓰여 있구나. 그런데 뜻밖에도 이 그릇은 신라 무덤에서 출토되었어. 이게 어떻게 된 일까? 이렇게 유물에서 출발하여 당시의 정치적 상황을 아이들 스스로 유추해 보게 하는 거죠.

이 책은 기존의 정치 중심 서술에서 참고자료 정도로 등장했던 유물과 유적을 주인공으로 설정했습니다. 그리고 그것으로부터 이야기를 풀어가면서 역사적 상황에 대한 결론을 아이들이 스스로 도출해 보게 하면 어떨까 하는 고민에서 시작되었습니다.

'유물을 본다'는 것은 박물관에 들어설 때부터가 아니라 그 유물을 알기 위해 자료를 찾기 시작할 때부터 시작됩니다. 이 책에는 유물의 특징, 의미뿐 아니라 아이들이 흥미롭게 접근할 수 있도록 발굴 이야기나 뒷이야기들을 함께 담았습니다. 또한, 직접 유물을 만들어 보도록 제안하고 있습니다. 유물을 만들기 위해서는 먼저 오랫동안 관찰해야 합니다. 그림의 경우, 구도나 획이 그어진 모양까지 들여다봐야 합니다. 그리고 그것을 재현하면서 아이들은 당시 도공이나 화가가 되어 보는 간접 경험을 하게 됩니다. 아이들은 이렇게 뜯어서 살펴보고 재현했던 유물을 박물관에서 그냥 스쳐 지나가지 않습니다.

이런 과정을 통해 아이들이 '각 유물과의 관계 맺기'를 경험할 수 있었으면 합니다. 또한, 아이들이 박물관에서 분주히 여러 유물을 둘러보지 않고, 한곳에 머물러 들여다볼 수 있기를 바랍니다.

차례

이 책을 펼친 너희들에게 4
아이에게 이 책을 건네주었을 부모님께 6

1 선사 시대 사람들이 바위에 남긴 고래 그림 10
– 반구대 암각화 (신석기~청동기 시대)
만들기: 오려 만드는 암각화 탁본

2 불을 이용한 인류 최초의 발명품 20
– 빗살무늬 토기 (신석기 시대)
만들기: 찰흙으로 빚는 빗살무늬 토기

3 고물상에서 발견된 작은 조각 속에 그려져 있던 것은? 30
– 농경문 청동기 (청동기 시대)
만들기: 농경문 청동기 동판화

4 중국 악기를 닮은 칼 38
– 비파형 동검 (청동기 시대)
만들기: 거푸집으로 만드는 비파형 동검

5 신라 무덤 속에서 나온 고구려 유물 46
– 호우명 청동 그릇 (고구려)
만들기: 호우명 청동 그릇 탁본

6 되돌아온 불상의 미스터리 56
– 금동 연가 7년명 여래 입상 (고구려)
만들기: 비누에 조각하는 금동 여래 입상

7 90여 년 만에 새롭게 주목받은 무덤 속 칼 64
– 금관총 고리자루칼 (신라)
만들기: 고리 장식으로 꾸미는 고리자루칼

8 신라 시대에도 주사위가 있었다고요? 74
– 목제 주령구 (통일 신라)
만들기: 종이로 만드는 주령구

9 기찻길 옆에서 오막살이 하는 탑 84
– 법흥사지 칠층 전탑 (통일 신라)
만들기: 점토로 만드는 칠층 전탑

10 그 많은 대나무 줄기는 어떻게 올렸을까? 94
– 청자 양각 대나무 마디 무늬 병 (고려)
만들기: 푸른 물감으로 색을 낸 청자

11 걱정거리를 잊게 하는 잔 받침   104
 – 백자 청화 망우대 초충문 접시 (조선)

 만들기 : 흰 접시에 그려 넣는 망우대

12 저 병에 끈을 달아 놓은 도공은 누구일까!   112
 – 백자 철화 끈무늬 병 (조선)

 만들기 : 자유롭게 끈을 그려 넣는 백자 병

13 우리나라 최고 대장 장승은   120
 어디에 살고 있었을까?
 – 장승 (조선)

 만들기 : 지우개로 만드는 장승 도장

14 6시간 기다렸다가 30초 보고 나와야 했던 그림   130
 – 안견 〈몽유도원도〉 (조선)

 만들기 : 마블링 물감으로 만드는 몽유도원도

15 조선의 괴짜가 손가락으로 그린 그림   142
 – 최북 〈게〉 (조선)

 만들기 : 손가락으로 그리는 게

16 화가는 '갈대와 게' 속에   150
 무슨 뜻을 숨겨 놓았을까?
 – 김홍도 〈해탐노화도〉 (조선)

 만들기 : 뜻을 숨겨 넣는 골판지 공예

17 조선 시대에도 벽화가 있었다!   160
 – 경복궁 자경전 꽃담 (조선)

 만들기 : 비즈로 만드는 꽃담 무늬
         스티커로 만드는 꽃담 그림

18 조선을 유람하는 보드게임   172
 – 해동남승도 (조선)

 만들기 : 서울 유람도

19 우리나라 보물로 지정된 다른 나라 유물   182
 – 그리스 청동 투구 (일제 강점기)

 만들기 : 종이로 만드는 그리스 투구

책에 나오는 유물은 어디에서 만날 수 있나요?

반구대 암각화
[신석기~청동기 시대]

01
선사 시대 사람들이 바위에 남긴 고래 그림

1971년, 동국대학교의 문명대 교수는 울산 태화강 근처에서 문화재 조사를 하고 있었지요. 그때 동네 사람마다 저 아래쪽으로 가면 호랑이 그림이 있다는 이야기를 했다고 해요. 가서 보니 반구대라 부르는 절벽에 춤추는 무당과 고래의 그림이 새겨져 있더래요. 국보 제285호, 반구대 암각화가 세상에 모습을 드러낸 순간이었지요.

반구대는 쟁반 반, 거북 구, 받침 대를 써서 거북이 엎드려 있는 모양의 계곡을 이야기해요. 그리고 암각화란 '바위에 새겨진 그림'을 이야기하고요. 그렇다면 반구대 암각화란 거북 모양을 한 계곡 바위에 새겨진 그림을 이야기하겠네요. 반구대에는 무당과 고래 이외에도 수많은 동물과 사람이 그려져 있지요. 이 그림은 대체 누가, 왜 그려둔 것일까요?

진짜 고래일까요, 상상 속 고래일까요?

반구대 절벽 아래쪽 암벽에는 고래, 사슴, 호랑이, 멧돼지 등의 동물과 함께 활을 쏘고 고래 사냥을 하는 사람들의 모습이 빼곡히 그려져 있어요. 반구대 암각화에 특히 많이 그려져 있는 동물은 고래예요.

고래는 다양한 모습으로 표현되어 있어요. 물을 뿜고 있는 고래, 등 부분에 화살표 모양이 그려져 있는 고래도 보이죠? 아마도 사람들이 던진 뾰족한 작살을 맞은 것 같군요. 또, 큰 고래 안에 작은 고래가 겹쳐 있는 모습도 보이네요. 여러분이 보기에는 이 모습이 어떻게 보이나요? 학자에 따라서는 배 속에 새끼를 임신한 모습이라고 주장하기도 하고, 어미가 새끼를 등에 태우고 다니

반구대 암각화에 나타난 여러 고래

는 모습이라고 해석하기도 해요. 실제로 귀신고래는 새끼를 등에 태우고 다닌다고 해요.

　여러분, 상상만으로 이렇게 고래를 구체적으로 표현할 수 있을까요? 직접 보지 않고서 말이지요. 반구대 암각화를 더 자세히 들여다보면 여러 사람이 탄 배, 고래잡이 그물까지도 표현되어 있어요. 그렇다면 직접 고래 사냥도 했다는 이야기지요. 실제로 반구대 암각화가 있는 울산 앞바다는 지금도 고래가 자주 나타난다고 해요. 그래서 아마도 당시 사람들이 울산만으로 들어온 고래를 수심이 더 얕은 곳으로 몰아서 효과적으로 잡지 않았을까 하고 추측하고 있답니다.

　그런데 옛날 기술로 집채만 한 고래를 어떻게 잡았을까요? 정말 바위에 새겨진 것처럼 작살만으로 고래 사냥이 가능했을까요? 그런데 최근에 이를 뒷받침하는 증거물이 나타났답니다.

선사 시대 사람들이 바위에 남긴 고래 그림　13

울산 앞바다 바닥에서 신석기 시대 고래 뼈가 발견되었거든요. 무엇보다도 그 뼈 안에 작살 끝 부분이 박혀 있었던 거예요. 그렇다면 실제 신석기 시대에 작살로 고래잡이를 했다는 것이겠죠. 더 나아가 반구대 암각화의 작살 맞은 고래 그림도 상상이 아니라 실제에 바탕한 것이었다는 걸 확정지을 수 있어요. 하나의 유물이 역사적 사실의 구체적 근거가 된 것이지요.

작살이 박힌 신석기 시대 고래 등뼈

이뿐 아니라 지금으로부터 10여 년 전에는 창녕 비봉리에서 약 8,000년 전에 만들어진 실제 나무배가 발견되기도 했어요. 작살이 박혀 있는 고래 뼈와 나무배 유적은 반구대 암각화가 실제에 기초해서 그려진 것이라는 사실을 뒷받침해 주지요. 이처럼 유물은 역사적 사실의 빈 공간을 메워 주는 역할을 하기도 한답니다.

고래 그림은 왜 그린 걸까요?

반구대 암각화는 신석기 시대부터 청동기 시대에 걸쳐 그렸으리라고 추측해요. 이 시기에 바위에 그려진 그림에는 중요한 의미가 있어요. 당시 사람들은 문자를 사용하지 않았거든요. 삶의 방식을 글자로 남겨 두지 않았으니 우리는 당시 사람들이 어떻게 살았는지 구체적으로 알기가 어렵지요. 하지만 반구대 암각화와 같이 문자 대신 남겨진 그림은 우리에게 당시 사람들의 생활 모습이나 사고방식을 엿볼 수 있게 해 줍니다. 그들은 무슨 이야기를 하고자 했던 것일까요?

예전에 고등학교 한국사 교과서에 실린 반구대 암각화 탁본 사진을 다시 고쳐야 했던 적이 있었어요. 위아래 방향이 거꾸로 실렸거든요. 원래 반구대 암각화의 고래는 머리가 하늘을 향하게 새겨져 있어요. 그런데 교과서에 그림이 거꾸로 실리면서 고래들이 땅을 향하게 된 거죠.

위아래 방향이 뭐가 중요하냐고요. 고래가 위로 그려진 것은 하늘을 향해 기도하는 마음 때문이었을 거예요. 고래 사냥이 성공적으로 이루어질 수 있게 해 달라는 식의 풍요를 염원하는 거죠. 그런데 방향이 달라지면 당시 사람들이 풍요를 기원했던 의미가 달라져 버리는 거예요.

한편, 고래를 종류별로 다양하게 그린 것도 의미가 있어요. 다음 세대에게 고래의 종류와 특성을 알려 주기 위한 거죠. 오늘날로 치면 고래 백과사전을 벽에 그려 둔 것이라 할 수 있겠죠. 또한, 작살과 배를 함께 그려 넣으면서 고래 사냥법을 가르치는 교재 역할도 했을 거예요.

이런 맥락에서 2013년 반구대 암각화 특별전시회에서는 '그림으로 쓴 역사책'이라는 문구가 사용되기도 했죠.

일 년에 절반은 물속에 잠겨 버리는 암각화

그런데요, 여러분! 우리는 이 그림을 일 년에 6개월밖에 만날 수 없답니다. 나머지 기간은 어디에 있냐고요? 안타깝게도 그림은 물속에 잠긴 채로 있답니다.

반구대 암각화가 발견되기 몇 년 전에 이미 이 지역에 댐이 건설되어 버렸답니다. 그 결과 물의 양이 많아지는 기간에는 암각화가 물속에 잠겨 버리는 거지요. 강우량에 따라 물속에 잠겼다 나오기를 반복하다 보니 암각화 표면이 갈라지고 그림이 흐릿해지는 일까지 생기고 있어요.

암각화는 발견 당시보다 많이 손상된 상태라고 해요. 사정이 이렇다 보니 암각화를 어떻게 보존할 것인가에 대한 논의는 현재까지도 열띠게 진행되고 있어요. 보존 방법을 두고 이처럼 뜨거운 논란이 있는 문화재가 또 있을까 싶어요.

물을 자주 흘려 보내서 댐 안의 물높이를 낮추면 되지 않을까 하는 생각이 들기도 하지만, 암각화가 있는 이 댐은 울산 시민들의 식수를 제공하고 있어요.

암각화 보존을 위해 물을 방류해 버리면 식수 부족 문제가 발생할 수밖에 없다고 해요. 문화재를 보존할 것인가, 식수를 안정적으로 확보할 것인가 하는 고민이 생기는 것이지요.

이 고민은 수십 년 동안 계속 이어져 왔고 여전히 논의 중이지요. 현재는 반구대 암각화 앞에 투명 물막이를 설치하는 대안이 구체적으로 이야기되고 있답니다.

2013년 반구대 암각화 특별전시회에서는 무척 인상적인 포스터가

반구대 암각화 특별 전시 포스터

선보였어요. 먹으로 반구대 암각화를 찍어낸 종이가 물에 번져서 아랫부분에 먹물이 흘러내리듯 표현되어 있었지요. '물속에 잠깁니다'라는 문구와 함께 말이에요. 일 년에 절반 이상 동안 물속에 잠겨 있어야 하는 반구대 암각화에 대한 안타까운 마음을 표현한 것으로 생각되네요.

한편, 문화재청은 현재 반구대 암각화를 세계문화유산에 올리기 위해 준비 중이랍니다. 이를 위해서는 무엇보다도 보존 문제가 먼저 해결되어야겠죠. 반구대 암각화가 어떻게 보호받게 될지 우리도 관심 있게 지켜보도록 해요.

오려 만드는 암각화 탁본

종이 판화 기법을 이용하여 반구대 암각화를 먹물로 찍어서 탁본을 만들 거예요. 먼저 컬러시트지 위에 암각화를 옮겨 보아요. 종이에 그림을 그려 풀로 붙여도 괜찮아요.

재료: 컬러시트지, 우드락, 먹물, 종이
도구: 가위, 유성 펜, 롤러

1 컬러시트지 위에 유성 펜으로 반구대 암각화에 그려진 고래, 멧돼지, 거북, 고래잡이 배 등을 그려요.

2 겹쳐진 그림은 따로 그려야 해요. 예를 들어 새끼 업은 고래를 그릴 때는 고래와 새끼 고래를 각각 하나씩 그려요.

3 밑그림 대로 자른 후 시트지를 분리하여 우드락 위에 붙여요. 겹쳐 붙일 무늬를 잊지 마세요.

4 롤러에 먹물을 묻혀서 우드락 위에 발라요.

5 먹물을 골고루 바른 후 흰 종이를 덮고 문지른 다음 떼어 내요.

완성!

잠깐, 이건 어때요?

여러분이 후손들에게 남기고 싶은 암각화를 그린다면 어떤 내용으로 그려 보고 싶은가요? 현재 자신의 생활 모습을 그려서 다음 세대에게 전해 볼까요?

빗살무늬 토기
[신석기 시대]

02
불을 이용한 인류 최초의 발명품

여러분, 퀴즈 하나 낼게요. '인류가 화학적 변화를 깨닫고 만든 최초의 발명품'은 무엇일까요? '화학적 변화'가 무슨 뜻이냐고요? 한 물질이 다른 물질과 반응하여 원래의 성질과 다른 새로운 물질로 바뀌는 것을 뜻한답니다.

너무 어렵다고요? 그렇다면 재료만 살짝 알려 드릴게요. 바로 흙, 물, 불이지요. 이제 느낌이 오나요? 아직도요?

그렇다면 이렇게 생각해 볼까요? 흙에 물을 섞어서 반죽을 만들고 불에 굽는다면? 흙으로 만든 그릇이 되겠지요. 우리는 그것을 흙 토, 그릇 기, 바로 '토기'라고 하지요. 가루였던 흙이 단단한 그릇으로 변했으니 당시에는 참으로 놀라운 발명이었지요. 우리는 바로 이 토기를 인류가 화학적 변화를 깨닫고 만든 최초의 발명품이라고 이야기한답니다.

토기로 무엇을 했나요?

신석기 시대 사람들은 농사를 짓기 시작했어요. 지금은 농작물을 얻기 위해 농사를 짓는 게 특별한 일이 아니죠. 씨앗을 땅에 뿌리면 같은 자리에서 나중에 열매가 맺힌다는 게 당시에는 놀라운 발견이었답니다.

농사를 시작한 사람들은 한곳에 정착하며, 식량을 안정적으로 확보할 수 있게 되었고, 수확한 식량을 저장할 필요도 생기게 되었죠. 그러면서 그들은 토기를 발명해 냅니다. 물론 토기가 사용되기 전에도 가죽으로 만든 저장 용기는 있었어요. 하지만 음식을 담아 둘뿐 쓰임새가 다양하지 못했죠.

토기는 음식을 저장할 뿐 아니라 조리하는 용도로도 사용할 수 있었어요. 그릇이면서 동시에 냄비이기도 했던 거지요. 토기가 등장하면서 원시인들의 생활은 완전히 달라집니다. 먹을거리를 직접 불에 구워 먹던 방식에서 벗어나 그릇을 이용해 물에 넣고 끓이거나 볶을 수 있게 돼요. 이것은 건강에도 영향을 주었답니다. 조리 방법을 바꾸면 똑같은 재료라 하더라도 섭취할 수 있는 영양소가 많아지기도 하거든요. 그러다 보니 토기 덕분에 원시인들이 얻는 영양소도 늘어나게 되었지요.

빗살무늬 토기는 어떻게 만들었을까?

신석기 시대를 대표하는 토기는 빗살무늬가 그려진 토기랍니다. 빗살무늬는 왜 그랬던 걸까요? 이것 역시 해석이 분분해요. 물이 출렁거리는 모습 또는 빛을 표현한 것이라고도 봐요. 비가 내리기를 기원하며 빗줄기를 새긴 것이라는 주장도 있지요. 또, 한편으로는 토기의 빗살무늬가 단순한 장식이 아니라는 견해도 있어요. 토기를 만들 때, 흙을 말아 올리게 되는데, 그러다 보면 흙 띠 사이에 틈이 생기겠지요. 그래서 빗살무늬를 그려 단단히 하려고 한 것이 아닐까 추측하는 거예요.

그런데 흙을 말아 올려서 토기를 만든다고 하면 방법이 크게 두 가지로 나뉘어요. 흙을 띠처럼 길게 만든 뒤 돌려가며 말아 올리는 방법과 크기가 다른 원 모양을 여러 개 만들어 쌓아 올리는 방법이죠. 그렇다면 신석기 시대 사람들은 둘 중 어떤 방법을 사용했을까요? 문자가 있는 시기도 아니라 기록도 남아 있지 않은데 그걸 어떻게 알 수 있냐고요?

기록이 없을 때는 남겨진 유물에서 단서를 찾아야 해요. 먼저, 흙 띠를 돌려 말아 올리는 경우 비스듬히 올라갈 수밖에 없겠죠. 그러다 보니 깨진 토기 단면을 보면 흙 띠가 사선으로 나타난다고 해요. 반면 원 모양으로 만들어 차곡차곡 쌓아 올리는 경우, 토기 단면이 수평으로 나타나고요. 그런데 우리나라 여러 신석기 유적지에서 발견된 토기 단면은 수평으로 나타난다고 해요. 즉, 여러 개의 흙 띠를 쌓아 올려 토기를 만들었음을 알 수 있죠. 유물을 통해 보이는 작은 힌트 하나도 그냥 흘려 볼 수 없다는 생각이 들죠?

빗살무늬 토기에 대한 세 가지 궁금증

학생들과 박물관에 가서 빗살무늬 토기를 함께 보게 되면 제일 많이 듣는 질문이 있어요. "왜 바닥을 뾰족하게 만들었어요?" "토기에 구멍은 왜 뚫려 있는 거예요?"라는 것이에요. 같이 한번 살펴볼까요?

빗살무늬 토기를 보면 아랫부분이 뾰족하게 만들어져 있어요. 평평해야 바닥에 놓아도 넘어지지 않을 텐데 왜 굳이 뾰족하게 만들었을까요? 신석기 시대 사람들은 주로 강가나 바닷가 근처에서 살았어요. 그러다 보니 모랫바닥에 꽂아 놓기 편하게 토기를 뾰족하게 만들었다고 추측해요.

다음으로, 박물관에 있는 토기를 보면 중간 중간에 구멍이 뚫려 있는 걸 볼 수 있어요. 의아하죠? 그릇 중간에 구멍이라니 대체 무슨 쓸모가 있다고 말이죠. 이를 두고 구멍 사이에 끈을 꿰어서 토기를 걸어 놓으려고 한 것이라고 설명하기도 해요. 그런데 가만 들여다보면 구멍이 주로 2개씩 가까이에 나란히 뚫려 있는 걸 알 수 있어요. 구멍과 구멍 사이에는 금이 가서 깨어진 것도 알 수 있고요. 그래서 이 구멍은 토기에 금이 생겼을 경우 양쪽에 뚫어서 실 같은 것으로 엮어 수리했던 흔적으로 보기도 해요.

빗살무늬 토기

　마지막으로, 대부분은 발견하지 못하고 넘어가는 것 중 하나인데 암사동에서 발견된 빗살무늬 토기는 아랫부분에 동그란 형태의 선이 보인답니다. 이것도 새삼 궁금해지죠? 이건 아마도 고리 형태의 받침대에 올려 두어서 생긴 자국으로 보여요. 이를 통해 토기를 모랫바닥에 꽂아 두기도 했지만, 받침대에 올려서 보관하기도 했다고 생각할 수 있어요.

토기 조각에 이런 이야기가 담겨 있다니?

토기는 패총에서 많이 출토된답니다. 패총이라는 것은 조개 패, 무덤 총, 조개더미 무덤이라는 뜻이에요. 당시 사람들이 먹고 버린 조개껍데기, 그러니까 쓰레기가 쌓인 곳이라고 생각하면 되지요.

그 안에서 많은 토기 조각들이 발견된답니다. 아마도 당시에는 깨진 그릇이니 쓸모없다 생각해서 버려둔 것이었겠지요. 그러나 그때 버려진 조각들은 오늘날 우리에게 당시의 생활 모습을 알려 주는 중요한 단서가 되었답니다.

부산 동삼동 패총에서는 그물 자국이 새겨진 토기 조각이 발견되었어요. 신석기 시대 사람들이 실제 사용하던 그물을 토기 표면에 눌러서 그대로 무늬를 만들었던 것이죠.

이것이 발견되기 전까지 당시에 사용했던 그물이 발견된 적은 없었어요. 그물 재료인 실은 썩는 재질이라 오랜 세월이 흐르면서 남지 않았기 때문이죠.

그렇다면 예전에 정말로 그물을 사용했는지 어떻게 알 수 있냐고요? 실로 만들어진 그물은 가벼워서 그것만으로는 물에 가라앉지 않아요. 그래서 지금도 그물 끝에 그물추를 매달아서 무겁게 만들어

부산 동삼동 패총에서 발견된
그물무늬 토기 조각

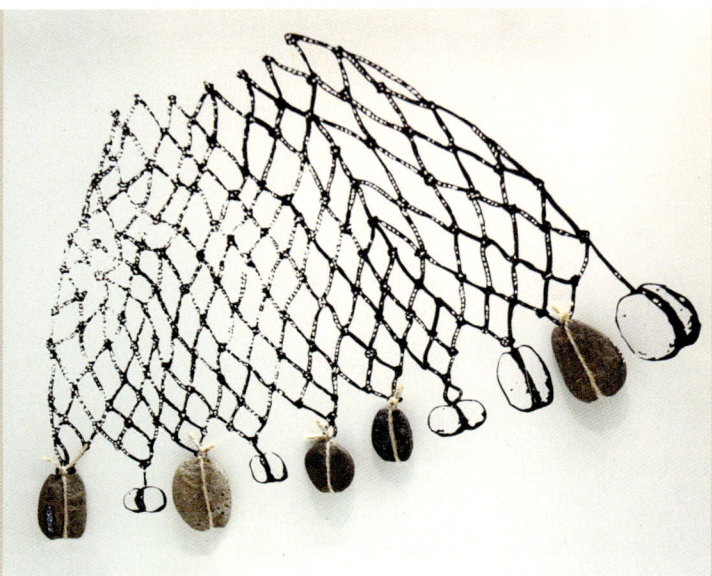

그물추로 재현한
그물 모습

요. 그물은 썩어 없어졌지만 패총에서 돌로 만든 그물추가 종종 발견되어 그물이 있었으리라 추측만 할 뿐이었지요.

그러다가 부산 동삼동 패총에서 그물 자국이 찍힌 토기가 발견되면서 당시 사람들이 그물을 실제 사용했음을 확인하게 된 거죠. 더 나아가 당시 사람들이 만든 그물에 대한 구체적인 정보까지 알 수 있게 되었어요. 가령 그물 실 두께가 1밀리미터 정도, 그물 사이의 간격은 2센티미터 정도 되었으리라는 것들까지도 말이죠.

당시 사람들에게는 저장 도구이며 조리 도구였던 토기. 음식만 담겨 있던 게 아니라 오늘날 우리에게는 그 시대 모습까지 담아서 전해 주고 있네요.

만들기 찰흙으로 빚는 빗살무늬 토기

빗살무늬 토기는 찰흙으로 크기가 다른 원을 여러 개 만든 후 층층이 쌓아서 만들 거예요. 매끈하게 다듬은 후, 빗살무늬를 새겨 넣으세요.

재료: 찰흙, 물
도구: 찰흙칼

1 찰흙을 손바닥으로 밀어서 길게 만든 뒤, 끝을 붙여 고리를 만들어요.

2 조금 더 작은 고리를 만들어 1 위에 올려놓고, 손가락으로 밀면서 둘을 붙여요. 안쪽도 같은 방법으로 다듬어요.

3 같은 방법으로 점점 더 작은 고리를 만들어 차곡차곡 쌓은 뒤, 물을 묻혀 매끈하게 다듬어요.

4 찰흙칼로 토기의 입구 부분부터 빗금을 새겨 넣어요.

5 중간부분은 V자로 빗금을 새겨서 꼼꼼하게 채워요.

완성!

야호!

농경문 청동기

[청동기 시대]

03
고물상에서 발견된 작은 조각 속에 그려져 있던 것은?

1970년대 대전의 한 고물상에서 작은 청동 조각이 발견됩니다. 당시에는 녹이 많이 슬어서 자세한 무늬를 알 수 없었다고 해요. 하지만 녹을 제거하자 놀랍게도 농사짓는 사람 그림이 나타났지요. 이 유물이 어떤 경로로 고물상까지 가게 되었는지는 알 수 없다고 해요. 아쉬움이 남는 대목이죠. 만약 무덤 안에서 발견되었다면, 그 안에 이 유물이 어떤 형태로 배치되어 있었는지, 어떤 유물들과 함께 놓여 있었는지를 통해 이것이 어떻게 쓰였을지 알아낼 수 있었을 텐데요.

이 유물은 청동으로 만들어졌고 농사와 관련된 그림이 그려져 있어 '농경문 청동기'라 이름 붙었답니다. 농경문 청동기 조각은 실제 12센티미터밖에 되지 않아요. 손바닥 한 뼘 정도 되는 거죠. 그나마 한쪽은 깨져서 형태가 온전하지도 않죠. 그런데 2014년에 새롭게 보물로 지정되었답니다. 새겨져 있는 그림이 갖는 의미 때문이었죠. 농경문 청동기에는 어떤 이야기가 담겨 있는 걸까요?

세 명의 인물을 찾아보세요

먼저, 비교적 깨지지 않고 잘 남아 있는 오른편 위쪽을 살펴볼까요? 긴 막대기를 들고 서 있는 한 사람이 보이나요? 머리 뒤로 길게 튀어나온 건 아마도 깃털 장식을 표현한 것 같아요. 이 사람의 발밑에는 가로줄이 연속으로 여러 개 그려져 있어요. 그건 바로 밭을 의미한답니다. 흙을 돋아서 만든 이랑을 선으로 표현한 것이지요.

그렇다면 이 사람이 손에 들고 있는 도구는 밭과 관련이 있을 것 같네요. 맞아요. 바로 농사 기구예요. 그런데 자세히 보면 날이 2개랍니다. '따비'라고 불리며, 오늘날도 여전히 사용하는 농기구 중 하나라고 해요. 따비로 땅을 고르고 있는 사람을 그린 것이지요.

그 아래에 한 사람이 더 있는데 찾았나요? 손에 농기구를 들고 상체가 뒤로 젖혀진 자세로 있는 사람의 모습도 보이죠? 이 사람이 들고 있는 것은 괭이로 보여요. 땅을 파는 데 사용하는 농기구예요. 몸을 힘껏 젖혔다가 그 반동으로 땅을 깊게 파려고 하는 모습을 생생하게 표현했네요.

따비

자, 청동 조각의 왼쪽 부분도 볼까요? 아랫부분이 많이 깨져서 아쉬움이 남지만, 손을 앞으로 내밀고 있는 사람 한 명이 더 보이죠. 그리고 그물 무늬의 물체가 하나 보이나요? 이걸 보고 간혹 파인애플을 그려 넣은 거냐고 묻는 친구들도 있었어요. 정말 파인애플처럼 생기기도 했네요. 이건 흙으로

농경문 청동기의 왼쪽 부분

만든 그릇을 표현한 것이랍니다. 앞에서 살펴보았죠? 맞아요. 바로 토기랍니다. 이렇게 왼쪽에는 토기에 무언가를 담는 사람을 표현했지요. 다른 쪽에는 땅을 파고 밭을 고르는 장면이 있으니, 농사와 관련하여 수확물을 담는 모습으로 보지요. 반대로 그릇에 담긴 씨를 밭에 뿌리는 모습으로 해석하기도 해요.

벌거벗은 남자가 그려져 있다고요?

여러분, 농경문 청동기에서 밭을 갈고 있는 사람은 남자일까요, 여자일까요? 선으로만 간단히 그어서 그린 그림인데, 그걸 어떻게 알 수 있냐고요? 그러면 자세히 들여다보세요. 가만 보면 두 다리 사이에 삐죽 나와 있는 부분이 있어요. 바로 남성의 성기랍니다. 그렇다면 밭을 갈고 있는 사람은 남자겠네요.

그런데 말이죠. 이런 것까지 그려져 있다면, 대체 이 사람은 옷을 입지 않고 있던 걸까요? 아니면 성별을 표현하기 위해서 옷을 생략한 것일까요?

이와 관련한 해답은 뜻밖에도 조선 시대에 한 선비가 쓴 일기에서 힌트를 얻을 수 있었답니다. 이건무 교수가 국립중앙박물관 관장 시절에 우리나라 세시 풍속을 정리한 자료집을 검토하다가 발견한 것이죠. 바로 유희춘이라는 선비가 남긴 일기 중에 이런 구절이 나온답니다.

농경문 청동기의 밭 가는 인물

"무엇보다도 가장 없어져야 할 것이 있어 해를 끼치는데, 새해가 되면 벌거벗고 밭을 갈게 하는 풍속이 그것이다. …… 매년 점을 치거나 곡식의 풍요로움을 빌기 위해 하는데 추위에 반드시 밭 갈고 씨 뿌리는 자는 벌거벗어야 하니 이 무슨 뜻인가?"

뜻밖의 이야기죠? 조선 시대에 벌거벗고 농사를 지었다니 말이죠. 이 글을 쓴 선비는 잘못된 풍속이라 이야기하면서 개탄하고 있어요. 하지만 선비의 이런 투덜거림 덕분에 우리는 조선 시대에 벌거벗고 농사짓는 풍습이 있었다는 것을 확인할 수 있어요.

그렇다면 이러한 풍습이 청동기 시대부터 이어져 왔던 것은 아닐까요? 농경문 청동기 속 벌거벗은 남자가 밭을 가는 그림은 곡식의 풍요를 기원하던 행사를 표현한 것이 아닐까요. 더구나 그림 속 남자의 머리 장식도 예사롭지는 않아요. 이런 장식을 했다면 분명 신분이 높은 부족장이었을 거예요. 그렇다면, 농경문 청동기에는 생산물의 풍요를 기원하면서 부족장이 벌거벗은 채로 농사를 짓는 모습을 그린 게 아닌가 싶어요.

손바닥 한 뼘밖에 되지 않는 이 작은 조각 속에는 청동기 시대 밭농사의 여러 풍경이 생생하게 담겨 있네요. 밭농사를 지으면서 이랑을 만들었다는 것, 괭이나 따비와 같은 농기구를 사용했다는 것, 벌거벗은 채로 농사 관련 행사를 지내기도 했다는 것까지요.

농경문 청동기. 비록 크기도 작고 상태도 온전하지 않지만, 담겨 있는 이야기는 결코 가볍지 않죠? 국립중앙박물관 청동기실에 들어가면 꼭 챙겨 보세요.

만들기 농경문 청동기 동판화

농경문 청동기는 동판부조로 표현할 거예요. '동판부조 세트'를 준비하세요. 동판부조 세트는 미술용품점이나 인터넷에서 구입할 수 있어요.

재료: 동판부조 세트(동판, 골필, 부식액, 사포), 골판지, 도화지
도구: 연필, 붓

1 도화지에 농경문 청동기 그림을 스케치하세요. 바닥에 골판지를 깔고, 동판과 도화지를 차례대로 놓고 스케치를 한 번 더 꾹꾹 눌러 그리세요.

2 도화지를 빼고, 동판에 그려진 선을 골필로 한 번 더 눌러 주세요. 비어 있는 바탕에는 반복되는 무늬를 꼼꼼하게 채워 주세요.

3 붓으로 부식액을 골고루 칠한 뒤 충분히 말려 주세요.

완성!

4 동판의 부식액이 완전히 마르면 사포로 표면을 문질러 완성하세요.

잠깐, 이건 어때요?

농경문 청동기 무늬가 그려진 쿠키를 만들어 보아요.

① 올리브유(또는 버터) 60㎖와 계란 1개를 넣고 거품기로 저어 주세요.
② ①에 쿠키 가루 200g을 넣고 반죽하세요.
③ 반죽을 납작하게 만들고 농경문 청동기 그림을 새겨 넣어요.
④ 180℃로 예열된 오븐에 넣고 10분 동안 구워요.

비파형 동검
[청동기 시대]

04
중국 악기를 닮은 칼

여러분, 학교 숙제 중에 '미래를 상상해서 그리기'를 해 본 적이 있을 거에요. 아마도 '우주로 여행가기' 같은 주제가 가장 많지 않을까 싶어요. 몇십 년 전 초등학생들은 어떤 그림을 그렸을까요? 버튼만 누르면 TV가 켜지고 꺼지고, 또 사람들이 걸어 다니면서 전화를 하는 모습을 그렸지요. 바로 제 이야기랍니다. 리모컨이나 휴대 전화는 지금은 주변에서 흔히 볼 수 있는 것들이지만, 30여 년 전만 해도 상상 속에나 나오는 물건들이었거든요. 지금은 별것 아닌 것들이 당시에는 대단한 발명이나 발견이었던 경우가 많죠. 청동기 시대도 그렇게 시작됩니다.

청동은 인간이 만들어 낸 금속

맨 처음 인류는 돌을 깨서 도구로 사용했어요. 그런데 오랫동안 사용하다 보면 날카로운 부분이 뭉툭해지거나 깨지기도 하겠죠. 그러면 다시 돌을 깨서 새로 도구를 만들어야 했어요.

그러다가 어느 순간, 뭉툭해진 부분을 갈게 되면 다시 날카로워진다는 걸 깨닫게 되죠. 이게 뭐 그리 대단한 발견인가 싶은 생각도 들겠지만, 처음부터 다시 만들어야 하는 수고로움이 사라진 거예요. 이렇게 돌을 갈아 쓰기 시작하면서 재활용이 가능해진 거죠.

그러던 이들이 보다 단단한 것을 찾아 돌이 아닌 다른 재료에 관심을 갖기 시작해요. 그중에서도 가장 먼저 사용한 것이 구리였답니다. 구리 자체는 물렁물렁한 편이지만 다른 광물을 섞으면 단단해지는 성질이 있어요. 여기에 주석을 섞어 청동을 만들어 냅니다.

돌을 사용하던 이들이 광물을 녹이고 섞어서 도구를 만들었다고 생각해 보세요. 구부릴 수도 있고 아주 날카롭게 만들 수 있어요. 또 틀만 만들어 놓으면 원하는 도구를 똑같은 모양으로 계속 만들 수 있고요. 이때부터 또 다른 새로운 세상이 시작되는 것이죠.

구리는 원래 노란색 아닌가요?

청동을 한자로 풀어 보면 푸를 청, 구리 동이지요. 푸른색을 띤 구리라는 뜻인데요. 여러분! 구리는 원래 약간 노란빛을 띠는 광물이에요. 옛날 10원짜리 동전을 본 적 있나요? 그 재료가 바로 구리예요. 10원 동전은 노란빛을 띠고 있죠. 그런데 왜 '노란색 구리'가 아니라 '푸른색 구리'라고 이름 붙였을까요.

그건 바로, 구리가 녹이 슬게 되면 푸른색을 띠기 때문이에요. 처음에는 노란빛이었겠지만 땅속에서 발굴되어 나온 청동 유물을 보면 녹이 슬어 푸른빛을 띠고 있죠. 그래서 푸른색 구리, 청동이라는 이름이 붙게 된 것이랍니다. 박물관에 가서 푸른색의 청동 유물을 보게 되면 실제 모습은 황금색에 가까웠다고 상상해 보세요.

구리로 만든 청동기는 돌로 만든 석기보다 남아 있는 숫자가 적어요. 만들기 어렵기 때문이죠. 청동 도구를 만들기 위해서는 구리와 주석을 캐야 하고, 이것을 녹이고 섞어서 틀에 붓고 또다시 다듬는 과정이 필요하죠. 이 과정은 매우 까다롭고 복잡해요. 재료를 구하기도 쉽지 않고요. 따라서 청동기는 권력이 있

청동검　　　　청동 방울　　　　　청동 거울

는 적은 수의 사람만이 가질 수 있었어요.

　그러다 보니, 청동기 시대에 접어들었다고 해서 그동안 사용하던 돌로 만든 도구들이 완전히 사라지지는 않았어요. 여전히 농사 도구는 주변에서 쉽게 구할 수 있는 돌로 만들어서 사용했죠. 청동기 유적지에서 돌로 만든 농기구를 함께 볼 수 있는 이유이기도 하지요. 대신 청동으로 만든 물건은 지배자의 권위를 나타내는 상징물이나 제사 도구로 한정되었답니다.

비파형 동검이 뭐예요?

　청동기 시대를 대표하는 도구는 비파형 동검이에요. 고대 중국 악기인 비파를 닮았다고 하여 '비파형', 청동으로 만들어진 칼이라 하여 '동검'이라 하지요.
　그런데 칼이라면서 왜 이렇게 짧으냐고요? 도대체 어느 부분을 잡고 사용했

나 싶지요. 중국에서도 동검이 발견되는데 우리의 것과는 차이가 있어요. 중국의 동검은 칼날과 손잡이를 통째로 만들었지만, 우리의 비파형 동검은 칼날과 손잡이를 따로 제작했어요. 그러다 보니 나무로 만든 손잡이 부분은 썩어 버리고 현재는 칼 부분만 남아 있는 거예요. 박물관에서 비파형 동검을 볼 때는 나무 손잡이 부분이 결합되어 있는 모습을 함께 상상해 보세요.

청동기는 석기처럼 재료를 다듬어서 만드는 것이 아니에요. 먼저, 진흙이나 돌로 원하는 모양 틀을 만들고 그 안에 구리와 주석을 함께 녹여서 부었다가 굳은 다음에 떼어 내는 것이죠.

이렇게 청동을 찍어 내는 틀을 거푸집이라고 해요. 거푸집은 청동 쇳물을 담는 그릇이라 할 수 있죠. 이 그릇 안에 구리와 주석이 녹은 쇳물을 넣고 굳어지면 거푸집 형태 그대로 칼이나 도끼가 만들어졌답니다.

이번에는 우리가 거푸집을 만들어서 직접 비파형 동검을 완성해 보도록 해요.

동검을 만들어 내는 거푸집

중국 악기를 닮은 칼 43

만들기 | 거푸집으로 만드는 비파형 동검

찰흙을 이용하여 칼 모양 거푸집을 만든 후, 석고액을 흘려 넣어서 비파형 동검을 만들 거예요.

재료: 두꺼운 종이, 찰흙, 나무젓가락, 석고가루, 물, 물감
도구: 찰흙칼, 연필, 가위, 자, 붓

1 두꺼운 종이를 반으로 접어 비파 모양 반쪽을 그린 뒤, 그대로 가위로 잘라요.

2 찰흙 위에 1을 펼쳐 놓고 찰흙칼로 모양을 따라 그리며 파낼 준비를 해요.

3 안쪽을 파낸 뒤, 손잡이가 될 부분은 길게 파 주세요.

석고액은 한 방향으로 저어서 준비해요!

호우명
청동 그릇

[고구려]

05
신라 무덤 속에서 나온 고구려 유물

우리 같이 한번 상상해 볼까요? 친구들이 학교 운동장에서 땅을 파면서 놀고 있는데, 깊은 안쪽에서 뭔가 부딪히며 걸리는 느낌이 났어요. 더 파 보니까 글쎄 금으로 만든 귀고리가 나오는 거예요. 주변을 더 파서 보니 금관과 청동 그릇까지 나오는 거예요. 자, 이 중에 딱 한 가지만 골라 보라고 하면 어떤 물건을 집을 건가요? 물론, 상상이니까요. 이럴 때 맘대로 골라 보세요. 대부분 친구들은 금관을 집어 들지 않을까 싶어요.

실제로 지금으로부터 70여 년 전에 경주에 살고 있는 한 농부가 밭을 갈다가 땅속에서 금귀고리를 우연히 발견한 사건이 있었어요. 이후 그 일대는 발굴 조사에 들어가요. 발굴이란 땅속에 묻혀 있는 문화재를 파내어 조사하는 것을 말하지요. 그리고 그곳에서 추가로 금동관과 청동 그릇이 발견되었지요. 그런데 역사학자들을 가장 기쁘게 했던 것은 금동관도 금귀고리도 아닌 바로 청동 그릇이었지요. 대체 어떤 그릇이었기에 그랬을까요?

우리 주도로 이루어진 첫 발굴

우리가 일본에게 식민 지배를 받던 시절, 유물이나 유적 발굴은 늘 일본인 주도로 이루어졌어요. 그러다가 1945년에 해방을 맞이했고, 한 해가 지나자 우리 힘으로 발굴을 해 보자는 주장이 나오게 되지요.

이때 경주의 고분들이 최초 발굴 대상으로 논의되었습니다. 고분이란 역사적으로 가치 있는 옛 무덤을 말해요. 우리 고고학자들은 경주의 많은 고분을 놓고 고민했습니다. 규모가 큰 고분은 분명 유물이 많이 나오겠지만 처음 시도하는 발굴 대상으로는 부담스럽죠. 그렇다고 작은 고분을 발굴하려니 성과가 없을까 걱정이 되고요. 그러다가 1933년에 한 경주 시민이 집 앞에 호박을 심으려고 호미로 땅을 파다가 금귀고리를 발견한 일이 떠오른 거예요. 이곳에 있는 고분이라면 실패 확률이 낮겠죠. 그래서 고분 위에 지어졌던 집을 헐어내고 발굴을 시작합니다.

바로 이곳에서 중요한 역사적 사실을 알려 줄 유물이 나옵니다. 바로 바닥에 글씨가 새겨진 청동 그릇입니다. 유물에 새겨진 글씨는 역사적 사실을 뒷받침하는 중요한 근거 자료가 된답니다. 때로는 역사책에서 찾지 못한 시대적 상황을 메워 주는 연결 고리가 되기도 하죠. 이처럼 우리 힘으로 처음 시도한 발굴의 성과는 나쁘지 않았답니다.

청동 그릇 바닥에 새겨진 글자

청동 그릇 바닥에는 오른쪽부터 세로로 '을묘년/국강상/광개토지호태왕/호우십'이라고 한자가 쓰여 있었어요. 사진 속 파란색 칸의 '호우壺杅'라는 한자는 물이나 액체를 담는 그릇을 뜻하는 표현이랍니다. 이 청동 그릇이 어떤 용도로 쓰였는지를 짐작하게 해 주죠. 이후 이 그릇은 호우라는 글자가 쓰여 있는 그릇이라는 뜻으로 '호우명 그릇'이라 불리죠. 또한 그릇이 발견된 무덤은 청동 호우가 발견된 무덤이라 하여 무덤 총을 붙여 '호우총'이라 부르게 됩니다.

호우명 그릇이 발견 당시 많은 사람들의 주목을 받은 이유는 왕의 이름이 정확하게 새겨져 있었기 때문이랍니다. 빨간색 칸을 보세요. '광개토지호태왕', 우

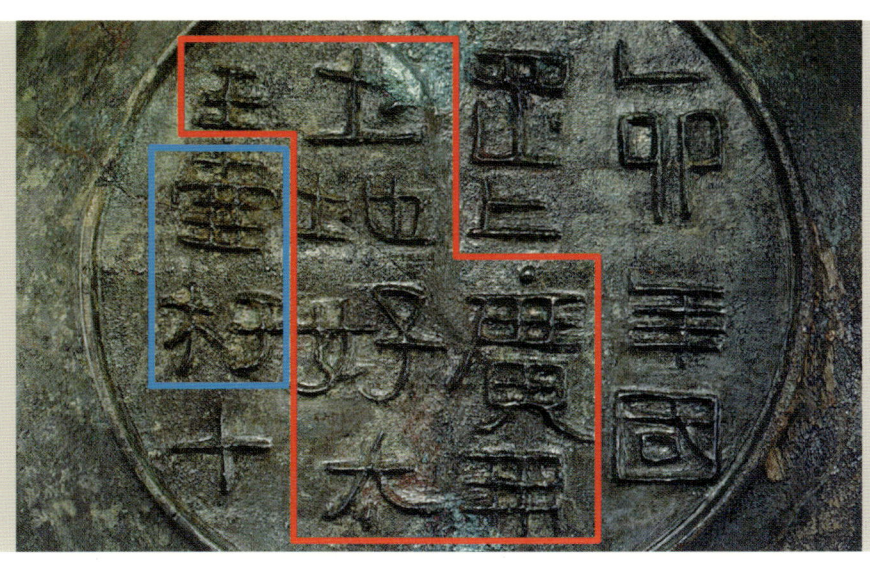

호우명 그릇 바닥

신라 무덤 속에서 나온 고구려 유물

리가 많이 들어 아는 광개토 대왕이랍니다. 바로 고구려 전성기를 이끌었던 대표적인 왕의 이름이 새겨져 있었던 것이죠.

그렇다면 이 그릇이 발견된 무덤의 주인이 광개토 대왕이냐고요? 그렇지는 않아요. 광개토 대왕은 고구려왕이죠. 그런데 이 무덤은 신라 수도인 경주에 있거든요. 이게 어찌 된 일일까요?

신라 무덤에서 왜 고구려왕의 이름이 나왔을까?

신라 무덤에서 고구려왕의 이름이 새겨진 그릇이 나왔다고? 여러분, 이렇게 생각해 보세요. 국립 현충원 대통령 무덤에서 외국 대통령 이름이 새겨진 물건

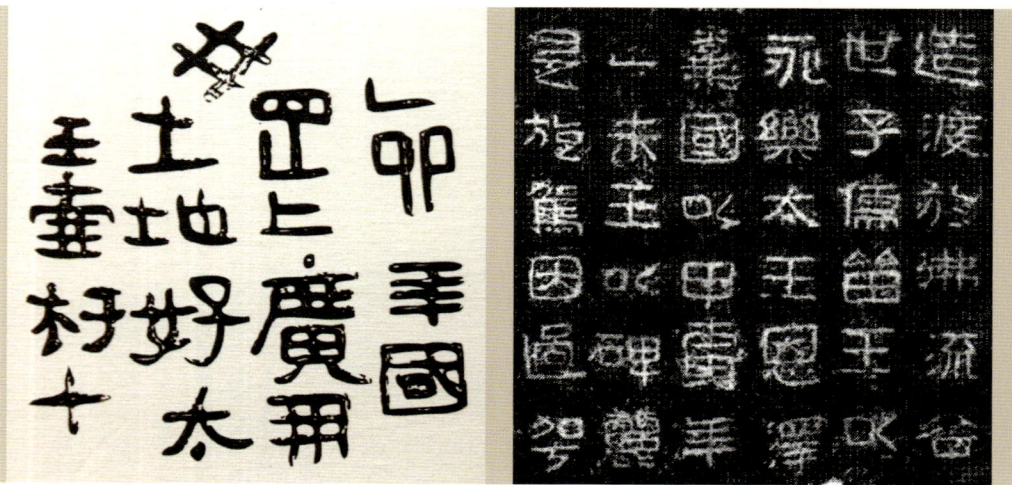

호우명 청동 그릇 바닥 글자 탁본   광개토 대왕릉비 탁본

이 나왔다고요.

처음에는 신라인들이 광개토 대왕의 이름을 새겨서 만든 것인가 생각했었지요. 그런데 그릇 바닥 글씨체가 어디서 본 듯한 거예요. 바로 광개토 대왕릉비에서였죠. 그릇의 글씨체가 고구려 수도였던 중국 지린성에 세워져 있는 광개토 대왕릉비의 글씨체와 너무 비슷한 겁니다. 그래서 역사학자들은 호우명 그릇은 고구려에서 만들어진 것이라는 결론을 내게 되었지요.

그렇다면, 대체 고구려 물건이 어떻게 신라로 넘어오게 되었을까요. 이것 역시 여러 가지 해석이 있어요.

바닥 글씨 첫머리의 '을묘년'이라는 세 글자에서 추측해 볼까요. 광개토 대왕이 사망하고 2년 뒤인 415년이 바로 을묘년이에요. 이 시기에 고구려와 신라 사이에

무슨 일이 있었을까요? 당시 신라 내물왕의 셋째 아들 복호가 고구려에 인질로 붙잡혀 있었어요. 신라 왕자 복호는 그로부터 3년 뒤에 인질에서 풀려나 다시 신라로 돌아오게 된답니다. 이 사실을 연결지어 생각해 보는 거죠. 고구려에 인질로 있던 복호가 신라로 올 때 호우명 그릇을 가져오지 않았을까 하고 말이죠.

한편, 또 다른 추측도 있어요. 광개토 대왕의 제사가 있었을 때, 신라 사신이 사절단으로 고구려를 방문했을 거예요. 그때 혹시 기념품으로 제사 도구인 호우명 그릇을 신라로 가져온 것이 아닐까 하고 추측하기도 한답니다.

의문의 두 글자, '十'과 '井'

호우명 청동 그릇 바닥의 글씨는 가로세로 4자씩 새겨져 있어요. 옛날에는 글씨를 오른쪽 위부터 아래로 내려가며 썼기 때문에 그 방향대로 읽어야 해요. 그런데 끝 부분의 열 십十자는 전체 문장과 별 상관이 없어서 정확한 뜻을 알기 어려워요. 또한, 가장 윗부분에 우물 정井자가 기울어진 듯한 글자도 하나 보이죠? 이것 역시 전체 맥락과는 상관없어 보여요. 그러다 보니 '十'과 '井'과 관련해서는 다양한 해석이 존재한답니다.

먼저 '十'의 경우는 문장의 끝 부분에 붙어 있기 때문에 마침표를 의미하는 표시라는 주장이 있어요. 또 한편으로는 '十'이 '숫자 십'을 의미하므로 광개토 대왕을 기리기 위해 이 호우명 그릇을 열 개 만든 것을 덧붙인 것이라고도 이야기하죠.

다음으로 '井' 역시 해석이 분분하답니다. 이 작품을 만든 장인이 자신만의 표시를 남긴 것이라고 보기도 해요. 마치 오늘날 작가의 사인을 남겨 두는 것처럼 말이죠. 귀신을 쫓기 위한 부적 같은 의미의 기호가 아닐까 하는 관점도 있답니다. 한편으로는 이 두 글자 모두, 큰 의미 없이 단순히 여백을 메우기 위해 장식으로 들어간 것이라는 주장이 있기도 하지요.

여러분이 보기에는 어떤 주장이 옳은 것 같나요? 여전히 호우명 청동 그릇을 만든 당시 고구려 사람들의 속뜻은 밝혀지지 않고 있지요. 글자가 새겨져 있지만 호우명 청동 그릇에는 여전히 풀어야 할 숙제가 많이 남아 있네요.

만들기: 호우명 청동 그릇 탁본

호우명 그릇 바닥에 쓰인 글씨를 탁본 느낌으로 표현할 거예요.

재료: OHP 필름, 은박 접시, 종이

도구: 호우명 그릇 글씨, 가위, (책 뒤에 실려 있어요) 유성 펜, 볼펜, 색연필

1 호우명 그릇 글씨 종이 위에 OHP 필름을 올려놓고 유성 펜으로 글씨를 따라 쓰세요.

2 테두리를 잘라 낸 은박 접시 위에 OHP 필름을 좌우가 바뀌게 뒤집어 올린 후, 볼펜으로 글자를 따라 꾹꾹 눌러 쓰세요.

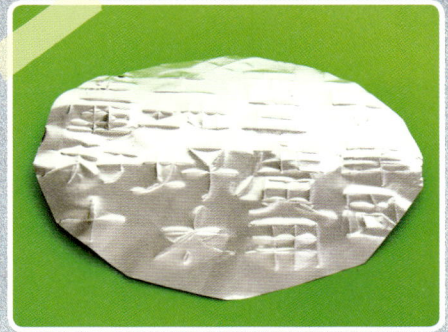

3 글자가 뚜렷하게 남겨질 정도로 눌러 쓴 은박접시를 뒤집어요.

4 종이를 올려 글씨가 나타날 때까지 색연필로 칠해요.

잠깐, 이건 어때요?

광개토호태왕이라는 이름은 '토지를 넓게 개척한 왕'이라는 뜻이지요. 고구려 영토를 크게 넓혔던 업적과 관련하여 죽은 뒤에 붙여진 이름이에요. 친구들이 가장 잘하는 건 뭐가 있나요? 그 특징을 살려서 자신의 이름을 길게 만들어 볼까요? 종이에 양초로 글을 쓴 후, 물감으로 칠해 보세요. 글자가 나타날 거예요.

완성!

금동 연가 7년명 여래 입상
[고구려]

06
되돌아온 불상의 미스터리

　1967년 가을, 신문에 '국보 119호 불상 도난'이라는 기사가 크게 실립니다. 미술관에 전시되어 있던 불상이 감쪽같이 사라져 버린 것이지요. 불상이 있던 그 자리에는 이런 내용의 메모 한 장만이 남겨져 있었어요.
　"문화재관리국장에게 알리시오. 오늘 밤 12시까지 돌려준다고."
　바로 돌려줄 마음이었다면 범인은 대체 왜 훔쳐갔던 걸까요? 그런데 바로 그 날, 훔쳐간 불상을 다시 돌려주겠다는 범인의 전화가 걸려옵니다. 약속했던 시간에 한강철교 다리 밑을 파 보라는 전화였죠. 그 말을 따른 경찰은 모래 속에서 비닐에 쌓인 불상을 찾아냅니다.
　보물을 훔친 범인이 먼저 전화를 해 와서 숨겨 놓은 곳을 알려 준 참으로 이상한 도난 사건이었지요. 누가 그런 것인지, 왜 불상을 훔쳤는지, 그리고 왜 하루 만에 돌려준 것인지는 지금까지도 밝혀지지 않은 채 수수께끼로 남아 있답니다.

이름을 풀어 볼까요?

이런 우여곡절을 겪은 유물은 바로 '금동 연가 7년명 여래 입상'입니다. 이름이 무척 길죠? 함께 풀어서 살펴볼까요.

'금동'이란 금과 청동이 합쳐진 말로 청동으로 만들고 나서 그 위에 금을 칠한 것을 말해요. 유물의 재료를 가리키는 거죠. '연가'는 임금이 즉위하는 해나 의미 있는 사건이 있던 해에 붙인 이름 중 하나예요. 이 불상의 뒷면에는 '연가 7년'으로 시작되는 글자가 새겨져 있어서 '연가 7년명'이라는 이름이 붙었어요. 여기 나오는 '연가 7년'은 539년을 의미해요.

다음으로 '여래'란 여러 부처님의 이름 중 하나이지요. 부처님은 한 명이 아니냐고요? 불교에서는 누구나 부처가 될 수 있다고 봤기 때문에 부처님은 여러 분이 계시지요. 마지막으로 '입상'이란 서 있는 모습의 조각을 이야기하지요.

무척 긴 이름 안에 이 불상의 특징이 다 담겨 있어요. 정리하면 '청동 위에 금을 입혀서 만든, 연가 7년이라는 글씨가 쓰여 있는, 여래 부처님이, 서 있는 모습의 조각'이라고 할 수 있겠죠.

부처님은 왜 등에 큰 판을 메고 있나요?

앞서 이야기했던 박물관 도난 사건을 다시 살펴볼까요. 잠깐 사이에 불상이

사라져 버렸다고 했죠? 그건 크기가 작아야 가능하겠죠. 실제 이 불상은 높이가 16센티미터랍니다. 손바닥 한 뼘 정도밖에 되지 않는 작은 크기에요.

그렇다면 불상을 왜 이렇게 작게 만들었을까요? 불교는 인도에서 처음 발생했어요. 스님들은 주변 국가로 불교를 전파하기 위해 불상을 갖고 다녀야 했지요. 그러다 보니 불교가 발생한 초기에는 불상을 휴대할 수 있도록 작은 크기로 만들곤 했답니다.

이 불상에서 가장 눈에 띄는 부분은 어찌 보면 부처님보다도 널찍한 등판일 거예요. 부처님은 등에 왜 이렇게 무거운 판을 메고 있을까 하는 생각도 듭니다. 사실 이건 부처님의 빛을 상징하는 것이랍니다. 우리가 흔히 멋진 사람을 보면 그 사람에게서 '빛이 난다'는 말을 쓰기도 하죠. 마찬가지로 부처님도 진리의 말씀을 전할 때 몸에서 광채가 났다고 해요. 그래서 이 모습을 등 뒤에 큰 판을

월지에서 출토된 화려한 광배의 불상

붙여 표현한 것이지요. 이를 한자로 빛 광, 등 배를 써서 '광배'라고 불러요.

금동 연가 7년명 여래 입상은 유난히 광배가 크게 만들어져 있고 그 안에는 불꽃이 이글거리는 것처럼 강렬한 무늬가 묘사되어 있지요. 그래서 더더욱 꿈틀거리는 듯한 생동감이 느껴져요.

신라 땅에서 나온 고구려 불상

금동 연가 7년명 여래 입상은 1963년, 경상남도 의령에서 한 주민이 산기슭에서 자갈을 고르다가 우연히 발견했습니다. 농사를 짓기 위해 땅을 파다가 반짝이는 금동 불상을 발견했으니 얼마나 놀라고 반가웠을까요.

불상이 발견된 의령 지역은 삼국 시대에 신라 땅에 속했던 곳이라 발견 당시 사람들은 당연히 신라 유물이라 생각했지요. 하지만 곧 고구려에서 만들어진 불상이라는 사실이 밝혀져요. 불상 광배 뒷면에 '고려국'이라는 글자가 새겨져 있었기 때문이었죠. 여기서 '고려국'은 태조 왕건이 세운 '고려'가 아니라, 주몽이 세운 '고구려'를 이야기하는 거예요. 예전에는 고구려를 고려라고도 쓰곤 했거든요.

그렇다면 여기서 또 한 가지 의문이 생기네요. 왜 고구려의 불상이 신라 땅에서 발견되었을까요?

앞서 살펴본 호우명 청동 그릇의 경우와 비슷하네요. 그래도 이 불상 광배 뒷면에는 호우명 그릇보다는 더 구체적인 힌트가 새겨져 있어요.

'연가 7년에 고려국 동사라는 절에서 천 개의 불상을 만들어 유포하였는데 이 불상이 스물아홉 번째 불상이다.'

자, 여러분. 이제 감이 오나요? 이렇게 많이 만들어진 고구려 불상들이 불교 전파를 위해 신라로 건너가게 된 것은 아닐까 하고 추측해요. 실제로 신라 불교는 고구려를 통해 들어왔다는 기록이 있지요.

고구려에서 신라 땅까지 먼 길을 내려왔다가, 어찌된 연유인지 땅 속에 묻혀 잠들어 있던 불상. 1,400년 만에 우연한 발견으로 세상에 모습을 드러냈으나, 도둑 때문에 한강 모래에 묻히는 수모를 당하기도 했던 불상. 사연이 참 많기도 합니다.

금동 연가 7년명 여래 입상, 무엇보다도 뒷면 광배에 새겨져 있는 글씨 덕분에 정확한 제작 연대를 알 수 있는 가장 오래된 불상인 만큼 더욱 소중히 관리해야겠죠.

제작 연대인 '연가 7년'이 새겨진 광배 뒷면

되돌아온 불상의 미스터리 61

만들기 - 비누에 조각하는 금동 여래 입상

불상은 조각용 비누를 이용해서 조각하고, 광배 부분은 알루미늄판으로 만든 후 불상에 결합할 거예요. 조각칼은 조심해서 사용하세요.

재료: 조각용 비누 또는 빨랫비누, 알루미늄판, 양면테이프, 할핀
도구: 이쑤시개, 조각칼, 가위, 볼펜

1 이쑤시개로 비누의 각 면에 불상의 정면과 옆모습을 하나씩 그리세요.

2 조각칼로 불상이 그려지지 않은 빈 공간을 파내세요.

3 완성된 모습을 생각하며 각 면을 입체적으로 다듬어요. 머리, 팔, 다리가 드러나도록 몸 부분은 더 파주세요.

4 가는 조각칼로 옷의 주름과 눈, 코, 입 등을 만들어요.

5 알루미늄판을 광배 모양으로 2장 잘라서 한 장에는 볼펜으로 불꽃 모양을 그려요.

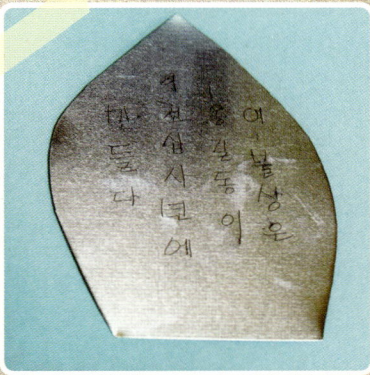

6 다른 한 장에는 불상을 만든 사람의 이름과 제작 시기를 적으세요. 그림과 글씨를 넣은 광배 2장을 양면테이프로 붙여 주세요.

7 할핀을 이용해 광배를 불상의 등에 꽂아서 고정해 주세요.

완성!

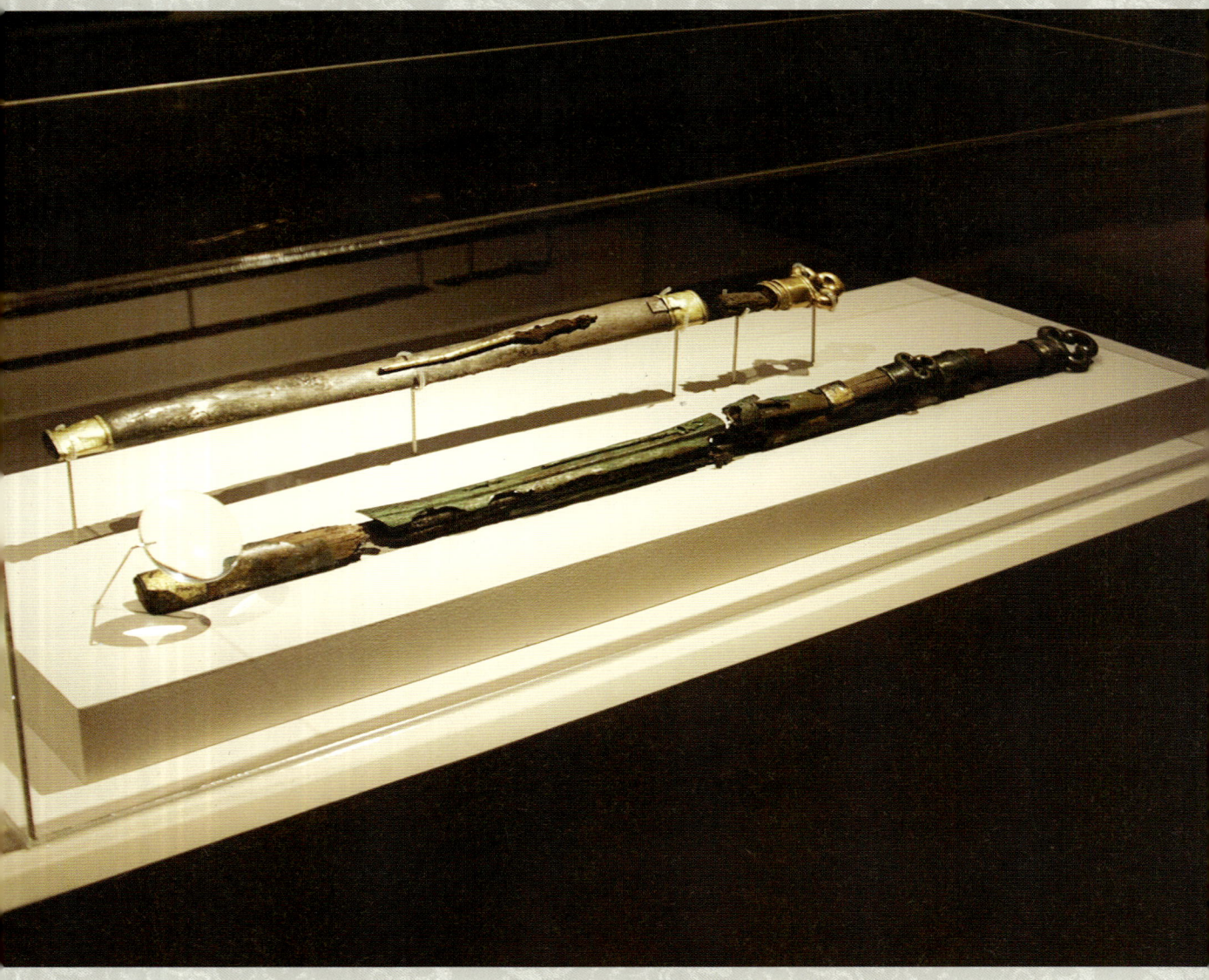

금관총
고리자루칼

[신라]

07
90여 년 만에 새롭게 주목받은 무덤 속 칼

2013년 신라 금관총이 뉴스에 보도되며 떠들썩했던 적이 있었습니다. 금관총은 이름에서 짐작할 수 있듯이, 우리나라 최초로 금관이 나왔던 신라 무덤이랍니다. 그런데 금관총은 지금으로부터 약 90여 년 전에 이미 발굴이 끝난 무덤이에요. 새삼스럽게 신문에 보도되며 주목받을 이유가 없지요. 그렇다면 90년 만에 대체 무슨 일이 있었던 걸까요? 새롭게 주목받고 있는 금관총 이야기로 들어가 볼까요.

90여 년 만에 모습을 드러낸 네 글자

　　금관총은 1921년, 경주 지역의 주막을 수리하는 과정에서 발견되었답니다. 당시 사진을 보면 초가집 주변에 있는 무덤이 마치 야트막한 동산처럼 보여요. 더구나 사진 속에서 흙이 흐트러져 있는 모습을 보니 동네 주민들은 미처 고분이라고 생각도 못 했던 것 같아요. 그러다가 그곳에서 우연히 금귀고리가 발견되면서 발굴이 시작된 것이죠.

금관총에서 발견된 금관

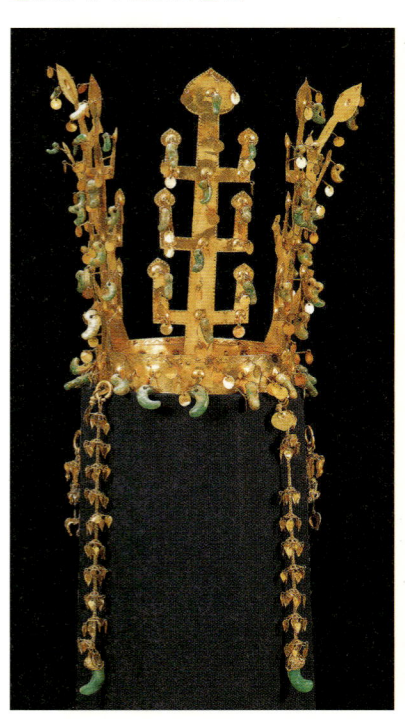

　　무덤 안에서는 금귀고리, 고리자루칼, 금동 신발과 금관 등이 쏟아져 나왔어요. 이 가운데 사람들의 시선을 잡아끈 것은 당연히 금관이었지요. 그래서 이 무덤을 금관총이라 이름 붙이기도 했으니까요.

　　그러나 90여 년이 지난 지금, 금관총 유물의 간판스타가 바뀌게 되는 일이 일어납니다. 금관에서 고리자루칼로 말이죠. 고리자루칼이란 손잡이 부분이 둥근 고리 형태로 생긴 칼을 말해요.

　　2013년에 국립중앙박물관은 오랫동안 박물관 창고에 잠들어 있던 금관총 고리자루칼을 꺼내 보존 처리를 하고 있었답니다. 그런데 녹을 제거하자 칼집 끝에서 글자가 나타난 것이죠. '이사지왕尒斯智王'. 바로 이 네 글자였답니다. 녹에 가려서 90여 년 동안 정체를 드러내지 않고 있었던 거예요. 고작 네 글자였지만 이 발견으로 역사학자들은 무척 흥분합니다. 하지만 곧바로 또 다른 수수께끼에 빠져듭니다. 신라 역사가 기록되어 있는 《삼국유사》나 《삼국사기》 어디에도 '이사지왕'이라는 이름은 한 번도 나온 적이 없었거든요. 즉, 듣도 보도 못한 새로운 왕 이름이 나온 거예요.

금관총 고리자루칼 칼집에서 발견된 글자

'이사지왕', 그는 누구일까요?

그렇다면 대체, '이사지왕'은 어떤 사람인 걸까요? 기록에 없는 이름이다 보니 이를 두고 여러 가지 해석이 나오고 있답니다.

먼저, '이사지왕'이라는 글자에서 '이'를 빼면 '사지왕'이 되지요. 그런데 신라

왕 중에 '소지왕'이 있어요. 어떤가요. '사지왕'과 '소지왕'은 발음이 좀 비슷하죠? 그래서 이사지왕은 신라 소지왕을 가리키는 게 아닐까 추측하기도 해요.

또 다른 의견도 있어요. 왕 이름이 어떻게 《삼국유사》나 《삼국사기》에 빠져 있겠냐는 거예요. 그렇다면 '이사지왕'은 진짜 왕이 아닐 수 있다는 의문을 품어보는 거죠.

진짜 왕이 아니면 가짜 왕이냐고요? 우리는 흔히 왕이라고 하면 최고 권력을 가진 임금을 떠올리죠. 그런데 예전에는 왕이 아닌 고위 귀족들도 '왕'으로 지칭하기도 했다는 주장이 있어요.

예전에 포항에서 비석 하나가 발견된 적이 있었어요. 그런데 거기에 '일곱 명의 왕'이라는 표현이 새겨져 있었답니다. 한 나라에 왕이 일곱 명일 리는 없겠죠. 그래서 이 부분은 '일곱 명의 높은 귀족'으로 해석해야 한다고 봤거든요. 이런 주장대로라면 기록에 나오지 않는 이사지왕도 임금이 아니라 '이사지'라 불리던 높은 귀족일 수도 있지 않을까 추측해 보는 거예요.

하지만 아직은 어떤 주장도 맞다고 단정할 수는 없어요. 여전히 더 풀어가야 할 숙제로 남아 있지요.

100년 만에 사라져 버린 고리자루칼

고리자루칼은 고구려, 백제, 신라, 가야 무덤에서 공통적으로 발견된답니다. 그런데 여기에는 한 가지 흥미로운 공통점이 있답니다. 고리자루칼은 5세기에 만들어진 무덤에서는 발견되는데, 6세기 무덤에서는 전혀 나타나지 않는다는 거예요. 그렇다면 고리자루칼은 거의 딱 100여 년 동안만 제작되었다는 거죠. 일반적으로 한 번 나타난 물건이 시간이 지나면서 점점 발전하는 것과는 다른 현상이에요. 대체 무슨 이유 때문인 걸까요?

그런데 가만 들여다보니까, 고리자루칼이 발견되는 지역에는 특징이 있어요. 백제의 경우는 천안, 청주, 공주, 논산 지역 고분에서만 고리자루칼이 발견돼요. 또 신라의 경우는 경산, 대구, 의성, 가야산 일대 고분에서만 발견이 되고요. 이곳들은 대부분 당시 지방의 주요 지역이라는 공통점이 있지요.

이러한 주요 지방을 장악하는 귀족들에게 왕이 고리자루칼을 준 것은 아닐까 하는 추측을 해요. 지방 세력을 통제하기 위한 하사품으로 말이죠.

이런 주장대로라면 고리자루칼이 5세기에 집중적으로 만들어졌다가 6세기가 되면 사라지는 것도 설명이 가능해요. 6세기 무렵이 되면 왕권이 강해진답니다. 왕이 굳이 지방 세력을 통제하기 위한 노력을 하지 않아도 되는 거죠. 그렇기 때문에 하사품으로 만들어지던 고리자루칼이 사라진 것이 아닐까 싶어요.

고리자루칼이 알려 주는 것들

우리는 유물을 통해 역사적 사실을 많이 알아낼 수 있다는 것을 살펴보았죠. 고리자루칼 역시 그런 유물 중 하나지요. 특히 고리자루칼은 전쟁 무기인 칼이다 보니 죽은 이의 성별을 알려 주는 역할도 하죠.

무덤 속 주인의 성별은 고리자루칼이 발견되면 남자, 없으면 여자라고 보면 되겠죠? 그런데 말이죠. 귀걸이와 목걸이 등의 화려한 장식물이 나오는 무덤에서 고리자루칼이 함께 발견되는 경우가 있어요. 이 경우에는 무덤의 주인이 남자인지 여자인지 좀 헷갈리죠?

그런 경우 고리자루칼의 위치를 주목해야 해요. 이때는 죽은 이의 허리춤이 아니라 머리맡에서 발견되는 경우가 많아요. 살아생전에 사용하지 않았기 때문일 거예요. 이런 경우는 무덤 주인이 남자가 아닐 가능성이 높아요. 이처럼 고리

풀 모양의 고리자루칼 장식

자루칼이 놓여 있던 위치와 같은 작은 정보도 무덤 주인에 대해 알려 주는 중요한 단서가 되기도 한답니다.

고리자루칼의 손잡이 부분은 다양한 형태로 만들어져 있답니다. 크게 용이나 봉황, 세 개의 고리, 나뭇잎이나 풀 무늬로 구분해 볼 수 있죠. 무덤 주인이 명확히 왕이라는 것이 밝혀진 무령왕릉에서는 용 장식의 고리자루칼이 출토되었답니다. 일반적으로 용이 나오면 무덤 주인이 왕일 것이라 추정해요.

한편 금관총 고리자루칼은 세 개의 고리가 얽혀 있는 모양이랍니다. 왕이라고 단정을 지을 수는 없지만, 이런 특별한 칼을 함께 묻어 주었다면 분명 신분이 높은 사람이었을 거예요. 90여 년 만에 모습을 드러낸 고리자루칼의 주인은 과연 누구일까요?

용·봉황, 세 개의 고리 모양의 고리자루칼 장식

만들기: 고리 장식으로 꾸미는 고리자루칼

금관총 고리자루칼의 손잡이 장식 부분은 세 개 고리가 연결된 모양이에요. 신문과 알루미늄 포일을 이용해서 표현해 볼 거예요.

재료: 신문지, 테이프, 알루미늄 포일, 금색 골판지
도구: 가위

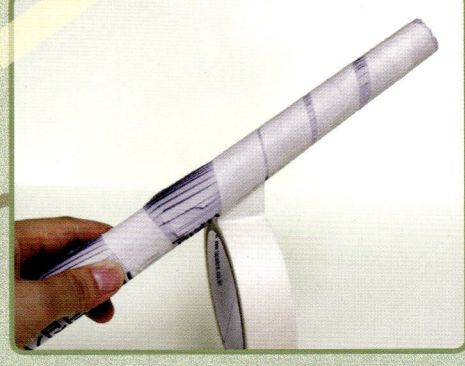

1 신문지를 돌돌 말아서 풀어지지 않게 테이프로 단단하게 감아 두세요.

2 알루미늄 포일을 두 뼘 정도의 길이로 가느다랗고 길게 만들어요.

3 고리 세 개가 연결된 모양으로 만들고, 남은 끝 부분을 잡아서 하나로 꼬아 주세요.

4 고리 세 개 무늬 장식을 1의 손잡이가 될 부분에 끼워 넣은 뒤 알루미늄 포일로 신문지 칼 전체를 감싸요.

5 금색 골판지로 칼의 다른 부분을 장식하세요.

와아!

완성!

목제 주령구
[통일 신라]

08
신라 시대에도 주사위가 있었다고요?

여러분, 주사위는 보통 언제 많이 사용하죠? 아마 게임을 할 때 가장 많이 사용할 거예요. 대부분 게임 진행을 위한 도구로 사용하죠. 그런데 신라 시대 주사위는 그 자체만으로 놀이하며 즐길 수 있었답니다. 주사위 면에 숫자 대신 글씨를 적어 넣었기 때문이죠.

글씨가 적혀 있는 주사위라! 특이하죠? 그런데 한 가지 더 독특한 점이 있답니다. 주사위는 모두 몇 개의 숫자로 되어 있죠? 맞아요. 숫자 1에서 6까지 있지요. 모두 6면으로 되어 있으니까요. 그런데 말이죠. 신라 사람들은 14면까지 있는 주사위를 사용했답니다. 어떻게 14면의 주사위를 만들 수 있었을까요? 이번에는 신라 사람들의 주사위에 대해 살펴보도록 해요.

신라의 타임캡슐, 월지

지금으로부터 40여 년 전, 경주에 있는 월지라는 호수에서 발굴이 진행됩니다. 호수인데 발굴을 어떻게 하냐고요? 호수 안의 물을 다 빼내고 바닥을 파서 보는 거죠.

월지는 오랜 기간 '안압지'라 불리기도 했어요. 통일 신라가 망한 후 폐허가 된 이곳에 기러기와 오리가 날아들면서 '기러기 안', '오리 압', '연못 지'라는 뜻의 '안압지'라는 또 다른 이름이 만들어지게 된 거죠.

발굴 당시 호수 바닥에서는 나무로 만든 배, 청동 가위, 청동 숟가락 등 무려 33,000여 점이나 되는 문화재가 출토되었답니다. 이때 나온 유물이 얼마나 많

신라의 인공 호수
월지

은지 국립경주박물관에는 월지관이라는 별도의 전시관이 있을 정도랍니다.

기록을 미루어 추정해 보면, 월지는 674년에 만들어진 연못이에요. 그런데 어떻게 1,300여 년이 넘는 시간 동안 이 많은 것들이 썩지도 않은 채 온전히 발견될 수 있었을까요? 그 비밀은 연못 바닥의 진흙 때문이랍니다. 유물들이 파묻혀 있던 진흙은 의도하지 않게 완전 밀폐 상태를 만들어 주었답니다. 무언가가 썩기 위해서는 공기가 필요하지요. 공기가 있어야 썩게 만드는 세균이 번식할 수 있거든요. 그러나 진흙층에서는 공기가 통하지 않으니 세균이 번식하지 못했고, 그 결과 신라의 유물이 그대로 남아 있게 된 것이지요. 덕분에 우리는 연못 바닥 속에서 신라 사람들의 생활 모습을 짐작할 수 있는 문화재를 대거 발견할 수 있었답니다. 그래서 월지는 '신라의 타임캡슐'이라고 불리기도 한답니다.

신라 시대에도 주사위가 있었다고요? 77

재미있는 벌칙이 적힌 주사위

　3만 점이 넘는 문화재 중에서도 가장 눈에 띈 것은 바로 나무 주사위였답니다. 주사위가 신기할 게 뭐 있냐고요. 이 주사위는 여러 가지로 우리가 아는 주사위와는 달랐거든요.

　흔히 보는 주사위는 1에서 6까지 숫자가 점으로 새겨진 정육면체이지요. 그런데 월지 주사위는 정육면체의 각 모서리를 칼로 베어낸 듯한 모습이었답니다. 그러다 보니 보통 주사위에 있는 정사각형인 사각 면뿐 아니라, 삼각형으로 보이는 육각 면이 8개 더 있었던 것이죠. 그렇게 해서 총 14개 면의 독특한 주사위가 만들어진 거예요. 또한, 모양뿐 아니라 주사위 내용도 달랐어요. 각 면에는 숫자 대신 한자 글귀가 쓰여 있었지요. 한글로 풀어서 내용을 살펴볼게요.

사각 면

술 세 잔을 한 번에 마시기

술을 다 마시고 크게 웃기

스스로 노래 부르고 스스로 마시기

덤벼드는 사람이 있어도 가만히 있기

소리 없이 춤추기

여러 사람이 코 때리기

육각 면

얼굴을 간질여도 꼼짝 않고 있기
누구에게나 마음대로 노래를 청하기
팔뚝을 구부린 채 술을 다 마시기
술 두 잔이면 쏟아 버리기
'괴래만'이라는 노래 부르기
월경 한 곡 부르기
더러운 것을 버리지 않기
시 한 수 읊기

신라 시대에도 주사위가 있었다고요?

내용만 봐도 언제 이 주사위를 사용했는지 짐작이 가죠? 신라 귀족들은 술 마시는 자리에서 이 주사위를 굴려가며 놀았던 모양이에요. 그래서 주사위의 이름도 나무로 만들었다는 뜻의 '목제'에 술 주, 명령 령, 도구 구를 써서 '목제 주령구'라고 해요. 술을 마시면서 명령을 내리는 나무로 만든 도구. 옛날 사람들도 오늘날 우리처럼 서로 장난도 치면서 그렇게 살았구나 하는 생각이 드네요.

여러분은 어떤 벌칙이 가장 재미있게 느껴지나요? '소리 없이 춤추기'나 '간질여도 꼼짝 않고 있기'는 게임 벌칙으로 사용해도 충분히 재미있을 것 같다는 생각이 드네요.

놀이의 벌칙은 다양할수록 더 흥미진진하겠죠. 신라 사람들은 주사위 6면이 부족하다고 느꼈나 봐요. 아마도 더 많은 벌칙을 고민하던 중에 14면 주사위를 만들지 않았을까요?

14면 주사위의 숨겨진 비밀

그런데 벌칙이 다양하다 하더라도 똑같은 벌칙만 계속 반복해서 나오면 안 되겠죠. 던졌을 때 각 면이 나오는 경우의 수가 비슷해야 주사위로써 의미가 있을 거예요. 이처럼 각 면이 나올 확률이 비슷하기 위해서는 바닥에 닿는 면적이 비슷해야 해요. 이게 가장 중요한 것이죠.

그러기 위해서 목제 주령구는 사각형과 육각형 면적을 비슷하게 만들어야 해요. 신라인들도 역시 그런 점까지 고민했었나 봐요. 사각 면과 육각 면은 모양이

다르지만, 실제 면적이 비슷하다고 해요. 그 결과, 주사위를 던졌을 때 어느 면이든 비슷한 경우의 수가 나오게 되었지요.

신라인들의 세밀한 지혜가 놀랍죠? 한 교수님은 목제 주령구와 똑같이 만든 주사위를 무려 7,000번이나 던져서 실험을 하기도 했어요. 그 결과 각 면이 비슷한 확률로 나온다는 것이 증명되기도 했지요.

그런데 안타깝게도 이 주사위는 진품이 남아 있지 않아요. 주사위가 호수 바닥 진흙 속에서 발굴되었다고 이야기했죠? 물론 그 덕분에 썩지 않기는 했지만, 젖어 있어 상태가 그리 좋지는 않았다고 해요. 그래서 주사위에 스며든 수분을 제거하는 것이 가장 중요한 복구 과제였죠.

문화재 보존팀은 목제 주령구를 전기 오븐에서 건조했어요. 그런데 자동 온도 조절 장치가 고장이 나 버린 거예요. 결국 오븐이 과열되어 주사위가 불에 타 버렸다고 해요. 무척 안타까운 일이에요. 그나마 다행이었던 건, 이전에 촬영해 둔 사진과 조사 자료가 남아 있어서 똑같은 복제품을 만들 수 있었다고 하네요.

만들기 종이로 만드는 주령구

14가지 벌칙을 직접 만들어서 14면 주사위를 만들어 볼 거예요.

재료 : 주사위 도면
(책 뒤에 실려 있어요)
도구 : 가위, 풀, 필기도구

  아래 칸에 14가지 벌칙을 암호처럼 간단하게 써 넣어요.

1	코끼리 코 제자리 열 번 돌기	8	
2		9	
3		10	
4		11	
5		12	
6		13	
7		14	

2 책 뒤에 실린 도면을 가위로 오려요.

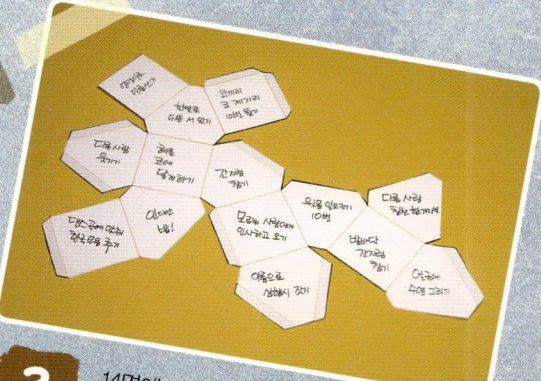

3 14면에 벌칙을 하나씩 써서 채워요.

4 접는 선을 따라 한 번씩 접어 준 뒤, 풀칠하는 면에 풀을 발라서 주사위를 만들어요.

완성!

법흥사지
칠층 전탑
[통일 신라]

09
기찻길 옆에서 오막살이 하는 탑

　예전에 기차를 타고 안동 여행을 갔던 적이 있어요. 이제 곧 안동역에 도착할 거라는 안내 방송을 들으면서 짐을 꾸리고 있는데 창문 바로 옆으로 얼핏 탑 같은 것이 스쳐 지나갔어요. 탑이 기찻길 바로 옆에? 설마 그럴 리가 있을까 싶었어요. 당연히 잘못 본 것일 거라 생각했지요. 그런데 안동역에서 내려 10분 정도를 걸어가서 마주한 법흥사지 칠층 전탑은 정말 기찻길 바로 옆에 자리 잡고 있었지요. 이 탑은 어쩌다가 기찻길 옆에 놓이게 된 걸까요?

　문화재마다 저마다의 사정과 사연이 있기 마련이지만, 이 유물처럼 구구절절한 사연이 있는 것이 또 있을까 싶어요. 이번에는 법흥사지 칠층 전탑을 소개하고자 해요. 함께 이야기 속으로 들어가 볼까요?

우리나라에서 가장 오래된 전탑

법흥사지 칠층 전탑은 우리나라에서 가장 오래된 전탑이랍니다. 잠깐! '전탑'이 무엇인지부터 설명해야겠네요.

탑은 재료에 따라 부르는 이름이 달라요. 크게 목탑, 석탑, 전탑 세 종류가 있지요. 목탑은 나무, 석탑은 돌, 전탑은 벽돌로 만든 것이에요.

나무로 만든 목탑은 불에 타기 쉬우니 남아 있을 확률이 낮겠죠? 그러다 보니 대부분 불에 소실되고 안타깝게도 우리나라에 목탑은 딱 1기만 남아 있지요. 지금 남아 있는 탑 대부분은 석탑이랍니다. 우리나라는 화강암이라는 단단한 돌이 많은 나라이기 때문이죠. 한편, 전탑은 흙을 구워서 만든 벽돌을 쌓아 만든 탑이랍니다. 전탑은 현재 5기만 남아 있어요. 예전에 전탑도 많이 만들어 왔겠지만, 벽돌로 쌓다 보니 석탑에 비해 튼튼하지 않은 편이라 남아 있는 숫자가 많지 않은 거예요. 그 5기의 전탑 중 가장 크고 오래된 전탑이 바로 법흥사지 칠층 전탑이랍니다.

탑이 부처님 무덤이라고요?

그렇다면 여러분, 탑이 무엇일까요? 절 마당에 세워 두는 장식물 같기도 하죠. 그러나 탑은 부처님의 무덤이랍니다. 이렇게 이야기하면 많은 친구들이 눈

집 모양인 중국의 불궁사 석가탑

둥근 무덤 형태인 인도의 산치대탑

한국의 법주사 팔상전 오층 목탑

이 휘둥그레져서 질문해요. "그러면 부처님이 그 안에 들어 있어요? 그리고 무슨 무덤이 그렇게 생겼어요?!" 하고 말이죠.

인도에서는 부처님이 돌아가신 후 화장을 했어요. 시신을 불태워 장례를 치른 거죠. 그러자 몸속에 있던 구슬 모양의 사리가 나왔어요. 사람들은 그 사리를 부처님과 같은 것으로 생각했어요. 그래서 경배하는 마음을 담아 사리를 모신 무덤을 만들었지요. 이것이 바로 탑이랍니다.

처음 만들어진 탑은 우리가 알고 있는 모습과 달랐어요. 부처님은 인도 사람이니까 무덤도 인도식으로 만들어졌지요. 그래서 탑도 둥근 모양이랍니다. 그러다가 중국으로 전해지면서 탑의 형태가 변하게 돼요. 중국 사람들은 죽은 후에도 살아있었을 때처럼 산다고 생각해서 탑을 집 모양으로 만들기 시작했죠.

그 형태가 우리나라로 그대로 전해져서 우리나라 초기 탑들을 보면 진짜 집처럼 문이 달려 있거나 기둥 모양이 조각되어 있기도 해요. 법흥사지 칠층 전탑에서도 이 흔적을 고스란히 찾아볼 수 있어요. 1층에는 진짜 나무문이 달려 있지요. 아주 일부이지만 지붕에는 기와가 얹어진 흔적도 있어요.

그런데 한 가지 의문이 들어요. 부처님 몸에서 나온 사리가 얼마나 많기에, 탑이 이렇게 많이 만들어진 걸까요? 사리 개수는 한정되어 있으니 새로 만들어진 탑에는 사리 대신 넣을 것이 필요했을 거예요. 그래서 불상이나 불교 경전을 넣기 시작했답니다. 탑을 해체하고 보수하는 과정에서 국보급 불상이나 경전이 종종 발견되는 이유예요.

법흥사지 칠층 전탑의 슬픈 사연

 법흥사지 칠층 전탑 앞에 서게 되면, 대체 왜 이런 곳에 탑이 있을까 하는 생각이 들어요. 탑의 왼편으로는 기와집이 바짝 붙어 있고, 오른쪽으로는 기찻길과 댐이 자리 잡고 있어요. 비좁은 공간에 간신히 끼어 서 있는 모양새이죠.

 하지만 원래 이 땅의 주인은 기와집도 기찻길도 아니었답니다. 이곳에는 통일 신라 때부터 법흥사라는 절이 있었답니다. 그런데 조선 시대에 이 절이 철거되고 말아요. 조선 시대에는 유교가 중시되면서 그동안 영향력이 컸던 불교를 탄

좁은 공간에 서 있는 법흥사지 칠층 전탑

압하는 분위기가 있었거든요. 그 뒤, 이곳에 고성 이씨 가문의 양반집이 들어선 거예요. 그나마 다행인 것은 절은 다 사라졌지만, 이 탑만큼은 살아남았다는 거죠.

한편, 또 한 가지 전해 오는 이야기로는 원래 탑 꼭대기에는 금동 장식이 달려 있었다고 해요. 그런데 이 양반댁의 한 선비가 금동 장식을 녹여 필요한 물건을 만들기 위해 가져가 버리는 바람에 지금은 그 모습을 볼 수 없게 되었다고 해요. 조선 시대에 불교가 어떤 대접을 받았는지 짐작하게 하네요.

법흥사지 칠층 전탑의 수난은 여기서 끝나지 않아요. 이곳에 자리를 잡은 고

성 이씨 집안은 일제 강점기에 독립운동가가 여럿 나온 가문이기도 하죠. 이에 일본은 집 앞마당에 떡하니 철길을 놓아 버립니다. 맥을 끊기 위해서라는 이야기가 있었죠. 실제 집 앞에서 철길까지는 불과 몇 발자국 되지 않아요. 마당 앞으로 매일 시끄러운 기차가 지나다니게 되었다니 참으로 황당한 일이죠.

문제는 그뿐만이 아니었어요. 일본의 치졸한 행동 때문에 결과적으로 법흥사지 칠층 전탑과 불과 몇 발자국 떨어지지 않는 곳에 기차가 지나다니게 되었으니까요.

여러분, 이 탑은 전탑이라고 했죠? 전탑은 벽돌을 쌓아 올린 탑이에요. 그러다 보니 큼직한 돌을 쌓아올린 석탑보다는 아무래도 약할 수밖에 없어요. 그런데 매일매일 그 옆으로 기차가 지나다닌다고 생각해 보세요. 기차가 지나가면서 생기는 진동은 분명 벽돌탑에 좋지 않은 영향을 줄 거예요.

법흥사지 칠층 전탑은 1,400여 년의 세월 동안 그 자리를 지켜왔어요. 조선 시대에 법흥사가 철거되던 때에도 꿋꿋이 버티고 서 있었어요. 또한 일제 강점기에 탑 옆으로 기찻길이 놓이는 과정도 지켜봤을 거예요. 그리고 지금도 여전히 매일 기차 진동을 버티고 서 있네요. 저 홀로 우뚝 서 있는 이 탑을 보면 짠하고 안쓰러운 마음이 드네요.

점토로 만드는 칠층 전탑

전탑은 벽돌을 쌓아서 만든 탑이지요. 색깔이 있는 점토에 선을 그려서 벽돌 느낌을 표현하여 전탑을 만들 거예요.

재료: 컬러 점토

도구: 찰흙칼

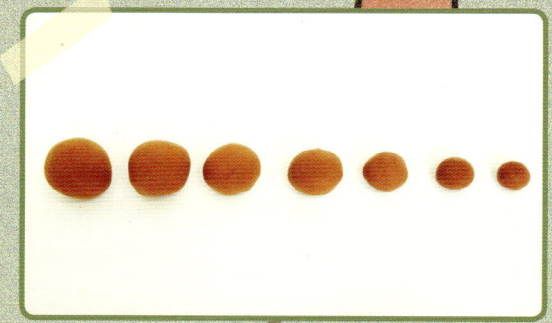

1 점토를 7개의 덩어리로 잘라서 크기별로 나누세요.

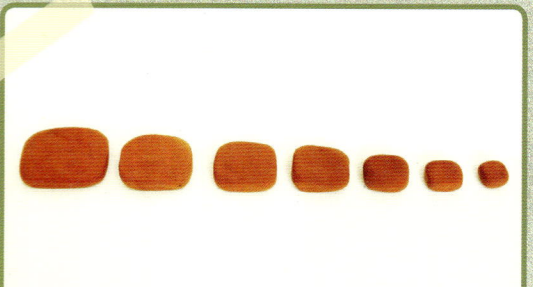

2 각각의 점토를 납작한 네모 모양으로 만들어요.

3 찰흙칼을 이용하여 선을 넣어서 벽돌 모양을 표현해요.

4 벽돌 모양을 낸 점토를 큰 것부터 차곡차곡 쌓아요.

완성!

청자 양각 대나무 마디 무늬 병
[고려]

10
그 많은 대나무 줄기는 어떻게 올렸을까?

"으스댈 줄도 뻔정댈 줄도 모르는, 그리고 때로는 미소하고 때로 속삭이는, 또 때로는 깊은 생각에 호젓이 잠겨 있는 이 푸른빛"

생각에 잠겨 있는 듯한 푸른빛이라! 대체 어떤 푸른색이기에 이런 찬사가 붙은 걸까요. 최순우 선생이 고려청자 빛깔을 표현한 글이지요.

옛사람들은 청자 빛깔을 '비 개인 후 먼 하늘의 맑고 푸른 빛'이라고도 이야기했어요. 뿐만 아니라 고려청자에 대해서는 우리나라뿐 아니라 중국에서도 그 빛깔을 칭송한 기록이 남아 있어요. 중국 송나라 태평노인은 자신이 쓴 《수중금》이라는 책에서 고려청자 빛깔을 일컬어 '세계에서 제일 뛰어난 것 중 하나'라고 이야기하기도 했지요.

도자기의 푸른빛은 어떻게 만들어 낸 건가요?

청자는 푸른빛을 내는 도자기를 말해요. 하지만 정확히 이야기하면 푸른빛보다는 청록색에 가깝죠. 청자는 중국에서 먼저 만들어졌고 우리나라에는 고려시대에 전래되었어요. 중국 사람들은 맑고 투명한 옥에서 신비한 기운이 나온다고 생각했어요. 이 귀한 옥을 인위적으로 만드려는 노력의 결과로 나온 것이 바로 청자예요.

청자는 두 나라에서 모두 똑같이 청자라고 불렸지만, 중국에서는 청자의 색을 '비밀스럽다'라는 뜻의 한자, 숨길 비를 사용해서 '비색秘色'이라고 했어요. 그러나 우리는 이것을 푸른색을 띤 구슬인 비취 옥색과 비슷하다 하여 '비색翡色'이라 부르며 한자를 다르게 붙였지요.

그런데 이런 옥색은 어떻게 만들어지는 걸까요? 청록색 물감으로 칠하는 걸까요? 놀랍게도 이 빛깔은 흙에서 만들어진 색이랍니다. 흙이라니, 우리 모두가 알다시피 흙은 갈색이죠. 갈색 흙이 옥색으로 변한다니 좀 의아할 거예요.

도자기를 만드는 흙 속에는 철 성분이 들어 있어요. 그런데 흙에 열이 가해지면 철 성분 때문에 옥색으로 변한다고 해요. 흙의 갈색이 옥과 같은 아름다운 빛깔로 변한다니 참 신기하죠? 여기서 끝이 아니랍니다. 나무를 태워 남은 재를 물에 타서 만든 유약을 불에 구운 그릇에 발라준답니다. 이렇게 유약 처리를 해서 한 번 더 구우면 그릇이 단단해지고 방수 효과도 생기죠. 유약 안에 들어있는 철 성분으로 빛깔도 더 예뻐지고요.

그러나 같은 과정을 거쳤다고 모든 도자기가 옥색을 띠게 되는 것은 아니에요. 온도가 적당하지 않으면 노란색이 되어 버린답니다. 물론 이렇게 노란빛으로 만들어진 도자기도 청자라고 부르기는 해요. 하지만 이건 엄밀히 이야기하면 미완성 작품인 거죠. 맑은 옥색 빛깔이 나기 위해서는 도자기 굽는 온도를 1,300도가 넘는 고온으로 끌어올려야 해요. 이처럼 이 오묘한 빛을 만들어 내는 게 쉬운 일은 아닌 듯하네요.

고려청자는 어디에서 발견될까요?

지나간 역사를 유추하는 방법은 크게 두 가지예요. 책에 쓰인 기록, 그리고 유물이나 유적을 분석하고 해석하는 것이죠. 그런데 고려청자의 경우 고려의 역사를 기록한 《고려사》나 《고려사절요》에 언급되어 있지 않아요. 그러다 보니 전적으로 유물이나 유적을 통해서 이해하는 수밖에 없지요.

고려청자를 발견할 수 있는 장소는 어떤 곳일까요? 아마 청자를 만들었던 가마터에 가면 찾아볼 수 있겠죠. 실제로 청자를 주로 만들었던 전라남도 강진이나 부안의 가마터에서 청자가 발견되곤 했어요. 하지만 품질이 좋은 청자는 이미 주문지로 보내졌으니, 가마터에는 대부분 깨진 청자 조각들만 남아 있지요. 우리가 박물관에서 볼 수 있는 좋은 품질의 청자들은 어디서 나온 것들일까요? 바로 바다와 무덤 속에서 출토되었죠. 바다와 무덤이라니, 청자는 왜 그런 곳에 있었던 걸까요?

태안 바닷속에서 발굴되는 청자들

먼저, 바다 이야기부터 해 볼게요. 지금으로부터 약 40여 년 전, 전라남도 신안 앞바다에서 고기잡이를 하던 한 어부가 그물 속에서 청자 하나를 건져 올려요. 곧바로 그 일대를 발굴한 결과, 침몰한 배가 발견되었어요. 중국 원나라 때 청자를 싣고 일본으로 가던 무역선이었죠. 그 안에서 엄청나게 많은 청자가 나왔죠. 하지만 아쉽게도 대부분 중국에서 만든 청자였지요.

그러다가 2007년 충청남도 태안에서 드디어 우리의 고려청자가 발견돼요. 그물에 주꾸미가 걸렸는데, 그 주꾸미가 청자 대접

하나를 같이 잡고 올라온 거예요. 덕분에 23,000점의 고려청자가 발견되었지요. 요 주꾸미, 참 기특한 녀석이죠? 더구나 '전남 강진에서 제작하여 개성 참판에게 보낸다'라고 적힌 나뭇조각까지 나왔죠. 자세한 정보를 알 수 있게 된 거예요.

 도자기를 만들기 위해서는 좋은 흙과 가마에 불을 지필 충분한 나무가 필요해요. 청자는 이 두 가지가 충분했던 강진과 부안에서 주로 만들어졌어요. 만들어진 청자는 고려의 수도 개경까지 뱃길을 통해 옮겨졌어요. 당시에는 육지보다 강이나 바닷길을 통해 물자를 옮기는 게 더 빨랐거든요. 운이 나쁘면 물살이 거센 지역에서 배가 침몰하기도 했지요. 그래서 종종 바닷속에서 청자가 발견되는 거랍니다.

 청자의 또 다른 출토지는 무덤이에요. 고려는 불교가 번성했던 나라예요. 당시 사람들은 부처님을 믿었고, 죽고 나면 저승에서 부처님을 만날 거라고 생각했어요. 그래서 청자로 만든 찻잔과 술잔으로 부처님을 공양하라고 무덤 속에 넣었답니다. 시간이 지나고 사람들이 고려청자에 대해 잊어버릴 때쯤, 고려청자의 존재와 가치를 알아본 이들은 다름 아닌 일본인이었어요. 일제 강점기에 일본인들은 무덤을 파헤치며 고려청자를 찾아다녔답니다. 이렇게 몰래 파낸 청자를 일본 왕이나 귀족에게 선물하거나 비싼 값에 팔아 넘겼어요. 이런 분위기 속에서 고려청자는 일본, 유럽, 미국 등 해외로 빠져나가게 됩니다. 다른 나라 박물관 전시실에 놓여 있는 고려청자를 보면 참으로

꽃모양의 청자 잔과 잔 받침

안타까운 마음이 들어요.

한편, 사정이 이렇다 보니 바닷속에서 발견되는 고려청자는 더더욱 반가울 수밖에 없어요. 무덤에서 발견되는 청자와 달리 실생활에 사용되었던 그릇이 많이 나와서 당시 사람들의 생활 모습을 짐작할 수 있기도 하거든요. 최근에는 이런 해저 유물을 체계적으로 발굴하기 위한 수중고고학이 발달하고 있어요. 또한, 바닷속 유물 탐사를 위해 탐사 로봇까지 투입되고 있답니다.

대나무 조각을 엮어 만들었을까?

이번에는 많은 청자 중에서도 빼어난 문양으로 손에 꼽히는 청자 양각 대나무 마디 무늬 병을 살펴보려고 해요. 이름이 무척 길지요? '푸른빛 나는 도자기에 도드라지게 새겨 대나무 마디 무늬를 넣은 병'이라는 뜻이지요.

우선 병 모양부터 살펴볼까요? 전체적으로 병 몸통은 통통하게 만들어졌는데 위로 올라가면서는 급격하게 잘록해져요. 그러면서도 입구는 살짝 벌어져 있어 위아래로 균형감을 주고 있네요. 마치 양파 모양 같기도 해요. 몸통 부분이 풍만하게 표현되어 있어요. 마치 병을 바닥에 내려놓으면 출렁 소리를 내며 옆으로 퍼질 것만 같은 느낌이 들기도 하네요.

다음으로 병에 새겨진 무늬를 살펴보세요. 대나무 조각을 세워서 엮어 놓은 듯하네요. 그런데 이걸 만들었던 도공은 고민이 하나 있었을 거예요. 병 모양이 아랫부분은 넓지만, 입구 쪽으로 갈수록 가늘게 좁아지죠. 그러다 보니 아래쪽

 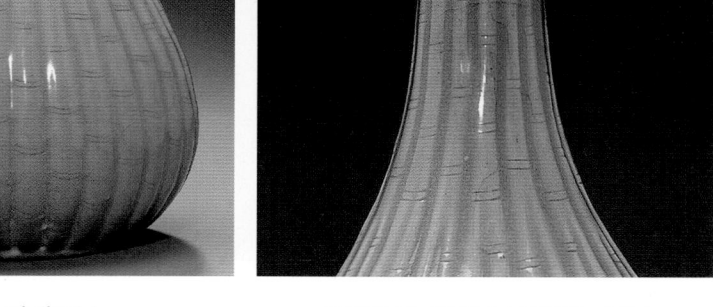 

| 펑퍼짐한 아랫부분 | 줄기가 한 갈래로 모아지는 부분 | 병 입구 부분 |

의 대나무들이 윗부분으로 한꺼번에 모여서 올라갈 때는 어떻게 처리를 해야 할지 난감하지 않았을까요? 공간이 부족하니까요. 여기서 가장 쉽게 생각할 수 있는 방법은 대나무 줄기를 윗부분으로 올리면서 점차 가늘게 표현하는 것일 거예요. 하지만 그렇게 하면 대나무 줄기가 옹기종기 모이게 돼요. 자칫 답답한 느낌을 줄 수 있죠.

고려의 도공은 어떻게 이 문제를 해결했는지 사진을 통해서 찾아볼까요? 여러분, 시선은 아래에서부터 위로 올라와야 해요. 아래에서 올라오는 대나무가 두 줄기씩 묶여서 윗부분에서는 자연스럽게 하나로 합쳐지네요. 바닥에서부터 무성하게 올라오던 대나무가 어느 순간 자연스럽게 사라지는 느낌이 들어요. 또한, 접하고 있는 대나무끼리 마디 위치가 서로 엇갈리게 새겨져 있어 율동감이 느껴지기도 합니다.

비 개인 하늘빛 바탕에 대나무가 조각된 이 병에 물을 담아 마시노라면 씁쓸한 대나무 향이 그윽하게 배어 나올 것 같네요.

만들기 · 푸른 물감으로 색을 낸 청자

지점토로 병 모양을 만든 후 대나무 무늬를 새겨 넣을 거예요. 청자 병과 모양이 비슷한 분무기 통 위에 지점토를 붙이면 편해요. 음료수 병을 사용해도 좋고요. 마지막으로 청자 빛깔을 만들어야 하는데요. 원래는 도자기를 굽는 과정에서 청자의 고유한 빛깔이 만들어지는 것이지만 우리는 물감을 칠할 거예요.

재료: 지점토, 분무기 통, 물감, 물
도구: 찰흙칼, 붓

1 분무기 통 위에 지점토를 입히세요.

2 전체적으로 물을 발라가며 표면을 매끈하게 다듬어요.

3 찰흙칼을 사용하여 세로로 줄을 그어요.

백자 청화
망우대
초충문 접시
[조선]

11
걱정거리를
잊게 하는 잔 받침

여러분, 절에 있는 화장실에 가 본 적 있나요? 화장실이라고 쓰여 있기도 하지만, 더러 '해우소'라는 한자가 쓰여 있기도 하지요.

한자를 해석하면 '근심을 풀어버리는 곳'이라는 뜻이에요. 화장실에 가서 배 속을 비우고 나면 마음도 편해지죠. 이와 같이 화장실에서도 마음속에 있는 근심과 걱정거리를 다 풀어서 비워 버리라는 뜻을 담은 거죠.

이렇게 잠깐 '근심을 풀어버리는 장소'에 대해 살펴보았는데, 이번에는 '근심을 잊어버리게 하는 물건'을 살펴보려고 해요.

찻잔을 들고 나서야 듣게 되는 이야기

조선 시대 한 선비가 오래 알고 지낸 벗의 집을 방문합니다. 이내 친구는 말린 국화를 담은 찻잔을 내옵니다. 뜨거운 물을 붓자 찻잔 안에서 마른 국화가 피어나기 시작합니다. 말라 있던 꽃잎이 물기를 머금으며 기지개를 켭니다.

찻잔 받침에도 들국화 다섯 송이가 흐드러지게 피어 있습니다. 향기가 어찌나 진한지, 냄새를 맡고 날아오는 벌이 보입니다.

들국화는 자연 그대로의 모습을 상징하는 꽃입니다. 선비는 찻잔 속에 만개한 들국화를 보며 자연의 순리를 거스르지 않는 삶에 대해 생각해 보지요. 그리고 가을 들국화 향기에 취해 찻잔을 들어 올립니다.

자, 그러자 이번에는 어떤 풍경이 펼쳐질까요? 꽃밭 가운데서 글씨가 나타납

니다! 글씨가 찻잔이 놓이는 곳에 쓰여 있어서 잔을 들기 전에는 미처 알지 못했던 것이죠. '망우대忘憂臺'라는 세 글자가 눈에 들어옵니다. 잊을 망, 근심 우, 받침 대. '근심을 잊게 되는 받침.' 전혀 예상치 못했던 순간에 맞닥뜨리게 되는 이 글귀는 마음을 편히 내려놓게 하지요.

맞은편에는 선비의 이런 모습을 줄곧 지켜보고 빙그레 웃고 있을 선비의 벗이 있겠지요. 이 순간 목구멍을 타고 뜨겁게 흘러 내려가는 차 한 잔은 보통 때의 그 맛과는 같지 않겠죠. 그리고 찻잔을 받침대에 다시 내려놓을 때 그간의 근심과 걱정거리도 함께 내려놓게 되지 않을까요.

세 글자 때문에 보물로 지정된 잔 받침

글씨가 쓰여 있는 부분이 둥글고 얕게 패어 있는 것으로 보아 이 유물은 접시라기보다는 잔 받침일 것 같다는 생각이 들어요.

이 잔 받침은 보물 1057호입니다. 잔 받침 하나만으로 보물에 지정되는 경우는 무척 드물어요. 그럼에도 이 유물이 주목받게 된 것은 바로 '망우대'라는 세 글자 때문이랍니다. 만약 가운데 글씨가 없다고 생각해 보세요. 어찌 보면 그저 흔한 조선 시대 청화 백자 중 하나였을지도 몰라요.

마지막으로 찻잔을 둘러서 그려져 있는 동그란 점들을 보세요. 가만 들여다보면 모양이나 농도가 약간씩 달라요. 기계로 똑같이 찍어서 만든 것과는 다른 자연스러운 맛이 있지요. 무심한 듯 툭툭 던져 놓은 점들이 소박한 느낌을 주네요.

하얀 도자기에 그려진 푸른 그림

이 유물의 이름은 '백자 청화 망우대 초충문 접시'예요. 이름이 무척 길어요. 청색 안료로 '망우대'라는 글씨와 함께 풀과 벌레가 그려진 하얀 접시예요. 하얀 도자기 바탕에 그려진 것이라 마치 도화지 위의 그림을 보는 듯 하죠.

앞에 나온 고려청자에서 청자가 푸른빛이 나는 것은 무엇 때문이라고 설명했죠? 맞아요. 흙 속에 있는 철 성분 때문이었지요.

반대로 백자의 흰색은 흙 속의 철분을 완전히 제거해야 나올 수 있답니다. 그래서 백자를 만들 때는 이물질이 적어 순도가 높은 고령토라는 흙을 주로 사용했다고 해요.

청화 백자 모란 무늬 매병

청화 백자 접시

한편, 푸른색 안료는 회회청이라 부르던 코발트예요. 코발트는 이슬람 국가에서 수입되었어요. 이슬람 국가는 대부분 이슬람교를 믿는데, 이슬람교는 회교라고 불리기도 했어요. 그래서 코발트를 회교국가에서 수입된 청이라고 해서 '회회청'이라고 부른 것이죠. 중국이 이슬람에서 이것을 수입해 오면 우리가 재수입해서 쓰곤 했어요.

그러다가 세조 때 중국으로부터 회회청 수입이 어려워지자, 국산 안료를 개발하기 시작해요. 회회청이 얼마나 귀한 재료였을지 짐작이 가지요. 그러다 보니 청화 백자의 사용이 제한되고 왕실 전용으로만 제작되었죠. 중간에 임진왜란과 병자호란이라는 큰 전쟁으로 인해 도자기 제작이 주춤하기도 했어요. 그러다가 조선 후기에 이르러 생산량이 크게 늘면서 청화 백자가 일반인들 사이에서는 물론이고 전국적으로 유행하게 된답니다.

걱정거리를 잊게 하는 잔 받침

만들기 — 흰 접시에 그려 넣는 망우대

청화 백자의 파란색 안료는 회회청이라 불리던 코발트예요. 우리는 코발트 대신 청색 포슬린펜을 사용하여 표현할 거예요. 마지막에 접시를 오븐(150℃, 30분)에 구워 두면 물에 씻어도 그림이 지워지지 않을 거예요.

재료: 흰 접시, 포슬린 펜(청색)

1 포슬린 펜으로 접시 가운데에 '망우대忘憂臺'를 쓰세요.

2 꽃의 줄기를 그리고 꽃잎을 그려 넣어요.

3 줄기에 잎을 그려 넣어 꽃을 완성해요.

4 꽃 주변에 날아오는 벌을 그려요.

5 테두리에 점을 찍어요.

완성!

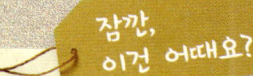

잠깐, 이건 어때요?

여러분의 상상력을 발휘하여 나만의 잔 받침을 디자인해 보세요.

백자 철화
끈무늬 병

[조선]

12
저 병에 끈을 달아 놓은 도공은 누구일까!

조선 시대 술병이나 그릇을 보면 오늘날 주전자처럼 사용했을 것 같은데 손잡이가 없이 미끈하죠. 손잡이가 없으니 안에 담긴 물이나 술을 따를 때는 병 전체를 손으로 쥐고 따랐을 거예요. 그렇다면 들고 다녀야 할 때는 어떻게 했을까요?

'취권'이라는 무술 영화가 있었답니다. 주인공은 항상 술병을 허리춤에 차고 다니면서 취한 상태로 다니다가도, 적이 나타나면 비틀거리면서도 상대를 제압하곤 했죠. 술에 취해 제대로 걷지도 못하면서 상대의 주먹은 어찌나 잘도 피하던지. 그때 주인공은 술이 담긴 호리병을 끈으로 매달아 허리춤에 차고 있었어요.

혹시 조선 시대에도 호리병을 이렇게 끈으로 매달고 다니지 않았을까요? 술병은 대부분 몸통은 넓지만 위로 갈수록 좁아지다가 입구는 벌어져 있죠. 그래서 입구 바로 밑으로 가느다란 부분이 생기지요. 그곳에 끈을 달아매면 휴대용 술병이 될 거예요. 이번에는 조선 시대 한 도공이 만든 휴대용 술병을 한번 살펴볼까요.

청화 백자에서 철화 백자로

이번에 소개할 도자기는 '백자 철화 끈무늬 병'이에요. 이름을 보면 끈무늬를 그려 넣은 병이라는 것은 알겠는데, '백자 철화'는 뜻이 쉽게 떠오르지 않네요. 같이 한번 살펴볼까요?

'백자'란 흰 도자기를 말해요. 백자는 고려 후기에서 조선 시대로 넘어가면서 새롭게 유행합니다. 고려 시대에는 청자가 유행했었죠?

청자보다는 백자가 조용한 느낌이 드는 것 같아요. 조선 시대에는 유교 사상이 발달하는데요. 검소한 생활을 강조했던 유교 사회 분위기와 백자의 담백하고 소박한 느낌이 잘 맞았던 거예요.

백자 철화 용무늬 항아리

그 다음으로 '철화'란 산화철로 그린 그림을 말해요. 처음 백자에는 푸른빛이 나는 코발트로 그림을 그렸죠. 바로 앞서 살펴봤던 청화 백자이지요. 그러나 푸른색 안료인 코발트는 중국을 통해 수입해 와야 했어요. 그러다 보니 우리나라나 중국의 정치 상황이 좋지 않을 때는 충분한 양을 확보하기 어려웠지요.

그러던 중 우리나라가 임진왜란과 병자호란의 두 차례 큰 전쟁을 겪고 난 후에는 경제적 어려움이 커졌어요. 더구나 중국 역시 명나라에서 청나라로 넘어가는 혼란스러운 시기였던 탓에 중국과의 무역도 쉽지 않았어요. 따라서 조선에서는 코발트 확보가 어려웠고 결국 조선 땅에서 쉽게 구할 수 있는 재료를 찾기 시작했어요. 그렇게 찾은 재료가 바로 산화철이었지요. 부족했던 코발트 대신 새로 찾은 산화철로 그림을 그리기 시작하면서 철화 백자가 유행하게 된 것이지요. 철화 백자는 시대적 상황이 만들어 낸 또 하나의 도자기라고 할 수 있겠네요.

끈 하나로 자신만의 색깔을 갖게 된 백자

중국 당나라 때 이태백이라는 유명한 시인이 있어요. 그가 남긴 시 중에 "술병에 푸른 실을 묶어 술 사러 보낸 아이는 왜 이리 늦는가."라는 구절이 있어요. 중국에서는 술병에 실을 묶어서 다니기도 했음을 짐작할 수 있죠.

우리나라에서는 어땠을까요? 예전에 경기도 광주의 한 가마터에서 이태백의 이 글귀가 적혀 있는 접시가 발견되었지요. 그렇다면 우리도 중국과 비슷하게 술병에 끈을 묶고 다니지 않았을까 추측해 보는 거죠. 왜 추측만 하냐고요? 앞에서 본 다른 유물처럼 끈은 썩어서 없어져 버리기 때문이죠.

그런데 조선 시대 한 도공은 썩지 않는 끈을 병에 달아 두었네요. 백자 위에 산화철로 끈 모양을 그려 둔 것이죠. 끈은 삐뚤빼뚤 선을 타고 내려오고 있어요. 그러다가 끝 부분에서는 살짝 꼬여 있네요. 슬쩍 멋을 부린 거예요. 우아한 몸체를 가진 흰색 병에 한 가닥 선을 그려 넣어 세상에서 단 하나뿐인 백자를

만들어 냈네요. 수백 년 동안 썩지 않은 이 선 한 가닥 때문에 '백자 철화 끈무늬 병'이라는 이름의 조선 시대를 대표하는 백자가 탄생했답니다.

백자 바닥에 숨겨진 글씨

끈무늬 병은 무늬만 감탄하고 끝날 유물이 아니랍니다. 도공은 재미있는 표시도 숨겨 두었답니다. 바로 바닥에 말이죠. 백자를 들어 보면 바닥에 '니ᄂ히'라는 세 글자가 쓰여 있답니다.

이게 무슨 뜻일까요? 요즘 쓰이는 단어와는 거리가 먼 듯해요. 안타깝게도 이것이 무엇을 의미하는지는 지금까지 밝혀지지 않았어요.

뜻도 알 수 없는 글자가 뭐가 중요하냐고 할지 모르겠지만 '한자'가 아니라 '한글'이 쓰여 있다는 것만으로도 아주 의미 있는 단서가 된답니다.

한글은 언제 만들어졌죠? 여러분도 잘 알다시피 조선의 네 번째 임금인 세종 대왕이 만들고 반포했지요. 이전까지는 한자를 사용했고요. 그런데 백자 철화 끈무늬 병 바닥에 한글이 쓰여 있죠? 그렇다면 이 백자는 적어도 한글이 반포된 이후에 만들어졌을 거예요. 정확하게는 한글이 1446년에 반포되었으니, 이 백자는 최소한 그 이후에 만들어졌을 거예요. 바닥에 남겨진 세 글자 '니ᄂ히'는, 정확한 연도까지는 아니지만 어느 시점에 만들어졌는지를 알려 주는 힌트가 되었네요.

한글이 쓰여 있는 병의 바닥

그나저나 '니ᄂ히'는 대체 무슨 뜻일까요. 여러분이 맘껏 상상력을 발휘해서 추측해 보세요.

만들기: 자유롭게 끈을 그려 넣는 백자 병

우드락을 이용하여 백자 틀을 만들어 찍을 거예요. 그리고 조선 시대 도공이 자유롭게 끈 무늬를 그려 넣은 것처럼, 백자 모양 위에 우리도 다양하게 끈 무늬를 표현해 봐요.

재료: 백자 철화 끈무늬 병 그림, (책 뒤에 실려 있어요) 우드락, 먹물, 도화지
도구: 칼, 연필, 붓

1 우드락 위에 백자 병 그림을 올려 놓고 연필로 꼭꼭 눌러가며 병 모양을 따라 그려요.

2 연필로 우드락에 남아 있는 자국을 다시 한 번 따라 그려요.

3 안쪽에 선을 하나 더 그려 넣어 선이 두 겹이 되게 만들어요.

4 칼로 안쪽과 바깥쪽 선을 따라 우드락을 잘라요.

5 만들어진 우드락 틀 위에 붓으로 먹물을 발라요.

6 도화지 위에 백자 병 틀을 찍어 주세요. 그 위에 붓으로 자유롭게 끈을 그려요.

장승 [조선]

13
우리나라 최고 대장 장승은 어디에 살고 있었을까?

옛날이야기 하나 들어볼래요? 〈장승 별타령〉이라는 이야기예요. 옛날 옛적에 가로진이라는 게으른 아이가 있었지요. 매일 일은 안 하고 뒹굴거리고 있으니 엄마는 얼마나 속이 터졌겠어요. 그래서 하루는 땔감 할 만한 나무를 구해 오라고 시키지요. 하지만 게으른 가로진이는 평소처럼 빈둥거리다가 해가 뉘엿뉘엿 지니까 그제야 급한 마음에 마을 입구에 서 있는 장승을 베어서 돌아오지요. 이 소식은 이내 전국에 있는 장승들에게 전해집니다. 화가 난 장승들은 각자 자기 지역 사투리를 구수하게 사용하며 가로진이를 처벌할 방법을 늘어놓기 시작하지요.

이 책은 장승을 함부로 대했다가 큰 벌을 받게 되는 가로진이의 이야기를 흥미진진하게 풀어 놓고 있지요. 정말 가로진이처럼 장승을 함부로 대하면 큰 벌을 받게 될까요? 이번에는 장승에 대해 살펴보도록 해요.

장승은 왜 만드는 거예요?

시골 마을 입구에는 흔히 커다란 느티나무와 함께 장승이 세워져 있어요. 요즘은 공원 입구에 장식으로 세워져 있기도 하죠.

여러분, 장승은 무엇으로 만들까요? 맞아요. 나무를 깎아서 만들어요. 하지만 꼭 나무만 써서 만든 것은 아니었답니다. 돌을 쪼아서 만든 장승도 있죠. 여러분이 한 번쯤 본 적 있을 제주도 돌하르방도 장승의 한 종류랍니다.

장승은 우리나라 전국에 있는데 지역마다 각기 다른 형태로 만들어졌어요.

나주 운흥사의 돌 장승

대개 우리나라 중부 지역에는 나무 장승, 남부 지역에는 돌 장승이 많은 편이라고 해요. 재료뿐 아니라 표정도 가지각색이지요. 화가 나서 눈을 부릅뜨고 있는 장승, 이까지 드러내고 친근하게 웃고 있는 장승도 있어요. 또한 장승은 지역에 따라서 이름도 다양해요. '장생', '벅수' 그리고 '당산 할아버지', 모두 장승을 부르는 다른 이름이죠.

장승은 왜 만든 걸까요? 예전에는 의술이 발달하지 않아 마을에 전염병이 돌면 많은 사람이 한꺼번에 죽곤 했어요. 그러다 보니 사람들에게는 마을을 지켜 줄 수호신이 필요했지요. 그 마음을 담아 함께 만든 것 중 하나가 장승이에요. 마을에 안 좋은 일이 생기면 장승 앞에 음식을 차려 놓고 제사를 지내곤 했답니다.

제주도의 돌하르방

한편, 장승이 마을의 수호신 역할만 했던 것은 아니에요. 장승 중에는 '한양 50리'라고 새겨진 장승이 있었다는 기록이 남아 있어요. 장승이 세워진 곳에서 한양까지의 거리를 표시한 것이지요. 이처럼 장승은 길을 안내하는 역할을 하기도 했지요.

장승에 남녀 구분이 있다고요?

　장승은 하나만 세우는 경우가 별로 없어요. 흔히 두 개씩 남녀 짝을 이루어 세워져 있지요. 여러분, 남자와 여자를 구분해서 찾아볼까요?

　장승이 세워지던 시기에는 남자는 바지, 여자는 치마만 입고 다녔기에 옷으로 쉽게 구분할 수 있겠다 싶어요. 하지만 장승은 주로 얼굴만 표현되어 있어 바지와 치마로 구분해 낼 수가 없어요. 그렇다면 남녀 장승을 각각 어떻게 구분할 수 있을까요.

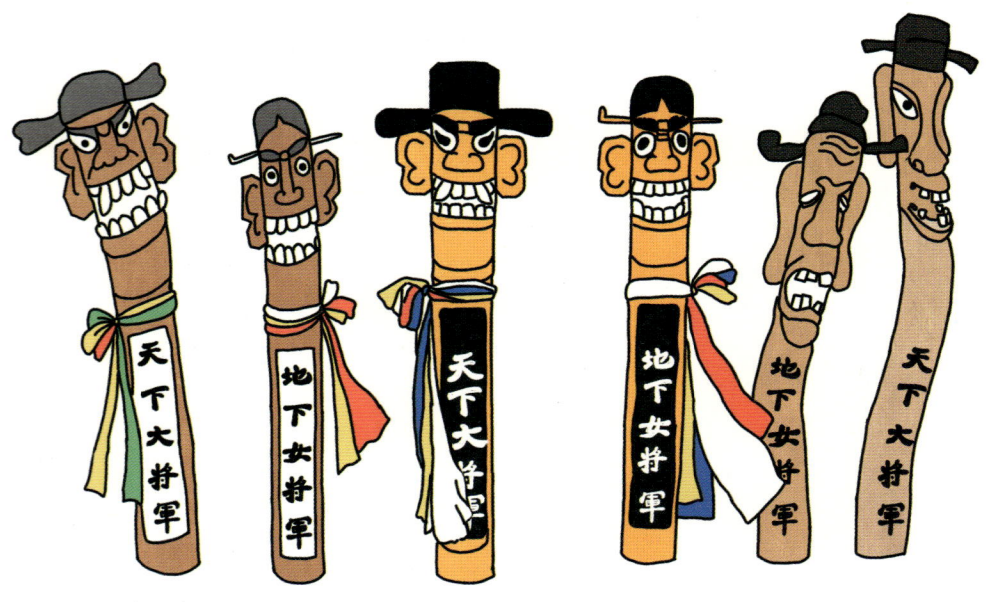

장승의 머리끝을 잘 살펴보세요. 남자 장승은 머리에 관모를 쓰고 있지만, 여자 장승 머리에는 관모가 없죠. 몸통 부분에도 차이점이 있어요. 남자 장승은 '천하대장군'이라 쓰여 있고, 여자 장승은 '지하대장군' 또는 '지하여장군'이라 쓰여 있어요. 이제 구분할 수 있겠죠?

그런데 말이죠. 장승이 꼭 두 개씩 서 있는 건 아니에요. 어떤 지역은 동서남북 그리고 중앙까지 해서 다섯 군데에 세워져 있기도 해요. 마을 사람들이 각각의 방위를 지켜 달라는 의미에서 세운 것이죠. 또, 장승이 무리를 이루고 서 있는 모습도 볼 수 있어요. 장승은 매년 정월 대보름에 새로운 나무를 깎아 만들어 세우는데, 원래 있던 것과 함께 세우게 되니 여러 장승이 함께 모여 있게 되는 거예요.

대장 장승이 사는 곳

〈장승 벌타령〉 이야기로 다시 돌아가 볼까요. 장승을 베어 버린 가로진이를 혼내자고 전국의 장승이 모였을 때, 이 회의를 이끈 대장 장승이 있었어요. 우리 한번 생각해 볼까요? 대장 장승은 어디에 살고 있었을까, 하고 말이죠.

이 질문의 답은 조선 시대 정조 임금 때 기록에서 찾을 수 있어요. 정조가 어떤 왕이었는지부터 살펴볼게요. 영조라는 임금이 있었어요. 영조는 아들 사도 세자를 뒤주에 가두어 죽게 만들지요. 이후 영조의 뒤를 이어 왕위에 오른 사도 세자의 아들이 바로 정조예요.

　임금이 된 정조는 아버지의 묘소가 있는 수원을 자주 가곤 했답니다. 그때 정조가 행차하던 길목에 종종 쉬어가던 숲이 있었지요. 이곳은 낮에도 호랑이가 나타나는 무서운 곳이었다고 해요. 조선 시대만 해도 산속에서 호랑이가 나타나서 사람들을 해치는 일이 많았거든요.

　이에 정조는 신하들에게 이곳에 장승을 만들라고 명령해요. 지나가는 사람들의 안전을 기원하는 의미였겠죠. 이렇게 해서 장승이 세워진 후, 정조는 아버지 묘소를 찾는 길에 종종 이 장승에 들러 쉬어가곤 했답니다.

　임금이 직접 명령을 내려서 만들어진 장승인 만큼 전국의 그 어떤 장승보다

가장 높은 위엄을 갖겠죠? 그래서 이후 사람들은 이 장승을 '대장승'으로 부르기 시작했어요. 대장승이 있던 곳은 오늘날 노량진 지역으로 지금은 '장승배기'라고 불리고 있기도 합답니다. '~배기'란 '~가 있는 곳'이라는 뜻이니까, 마을 이름 자체가 '장승이 있는 곳'이라고 이름 붙인 것이죠.

그런데 진짜 장승이 마을을 지켜 주었느냐고요? 장승을 만들기 위해서는 많은 과정을 거쳐야 해요. 마을 사람들은 나무를 고르고, 베어 내고, 조각하고, 세우기까지의 모든 과정을 함께 했을 거예요. 그리고 그 앞에서 제사를 지내면서 무언가를 기원하는 마음을 모았을 거예요. 장승을 만드는 과정에서뿐만 아니라 섬기면서 함께 어우러지는 경험을 했겠죠. 이를 통해 마을은 더 단단해졌을 거예요. 그렇다면 장승이 마을 사람들을 지켜 준 것이 맞다고도 할 수 있겠죠?

만들기: 지우개로 만드는 장승 도장

장승은 예로부터 사악한 기운을 물리치고 좋은 기운을 전해 주곤 했어요. 내가 아끼는 노트나 책에 장승 도장을 찍어서 행운을 빌어볼까요? 지우개를 이용해서 도장을 만들 거예요. 미술용 지우개보다는 딱딱한 지우개가 더 좋아요. 조각칼을 사용할 때는 조심하세요.

재료 : 지우개, 물감이나 잉크, 종이
도구 : 연필, 조각칼

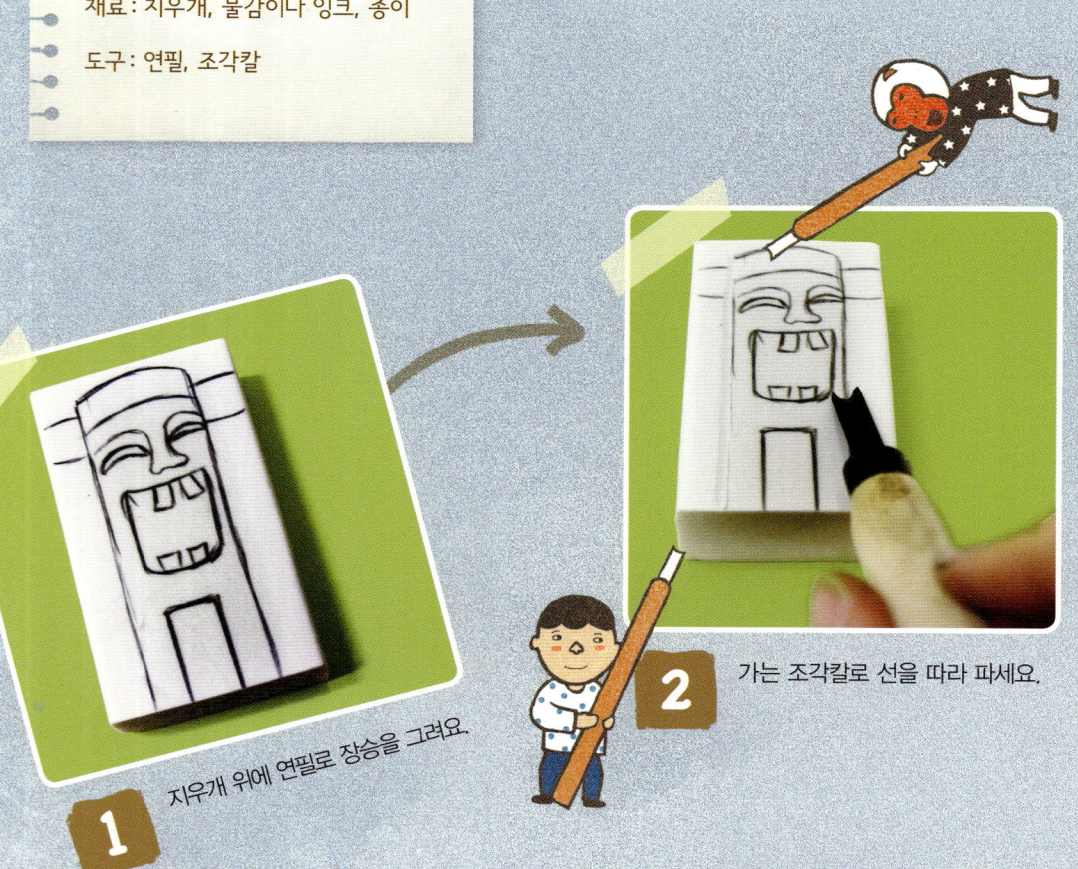

1. 지우개 위에 연필로 장승을 그려요.
2. 가는 조각칼로 선을 따라 파세요.

3 작은 부분까지 꼼꼼하게 파내요.

4 지우개에 물감을 묻혀 종이에 찍어요.

완성!

안견
〈몽유도원도〉
[조선]

14
6시간 기다렸다가
30초 보고
나와야 했던 그림

지난 2009년, 신문에 이런 제목의 기사가 나온 적이 있었답니다:
"6시간 줄을 서서 기다렸다가 30초 보고 나왔다."

국립중앙박물관에서 박물관 개관 100주년 기념 특별전을 개최했는데, 그때 전시되었던 여러 작품 중 딱 한 그림, 바로 〈몽유도원도〉 때문이었다지요. 이 그림을 보려고 너무 많은 사람들이 몰려들었던 거예요. 대체 어떤 그림이기에 이렇게 많은 사람이 몰려들었던 걸까요?

안평 대군의 꿈

그림 이야기 전에 꿈 이야기 하나를 들려 드릴게요. 세종 대왕의 셋째 아들 안평 대군은 어느 날 기이한 꿈을 꿉니다. 꿈속에서 집현전 학자인 박팽년과 함께 산길을 걷고 있었는데 길이 갈라지더랍니다. 어디로 갈지 망설이고 있는데 어디선가 나타난 노인이 북쪽으로 올라가라고 했대요. 일러 준 대로 가니 갑자기 시야가 트이면서 마을이 보이더랍니다. 복숭아꽃이 만발한 그곳은 마치 낙원과 같이 아름다웠다고 해요. 그런데 그때 또 다른 신하인 최항과 신숙주가 나타나더래요.

꿈에서 깬 안평 대군은 꿈속에서 본 낙원 같은 곳을 그림에 담아 기억하고 싶었지요. 그래서 궁중 화가 안견을 불러 자신의 꿈 이야기를 들려줍니다. 이에 안견이 3일 만에 완성한 그림이 바로 〈몽유도원도〉입니다.

안평 대군의 꿈 이야기는 중국 송나라 때 시인 도연명이 지은 〈도화원기〉에 나오는 이야기와 비슷하기도 해요. 중국의 한 어부가 계곡을 올라가다가 길을 잃어버립니다. 길을 헤매는데 숲이 끝나는 곳에 산이 나타나고 조그만 입구가 보이더래요. 그 입구에서 빛이 새어 나오기에 들여다보니 한 사람이 통과할 정도로 좁은 입구가 있더랍니다. 그곳을 지나니 갑자기 앞이 열리면서 복숭아꽃이 만발한 곳이 나왔고, 거기에는 많은 마을 사람들이 살고 있는 거예요. 어부가 물어보니 자신들은 조상 때부터 난리를 피해 인적이 없는 이곳에 와서 살고 있다고 하더래요. 어부는 그곳에서 나왔고, 나중에 다시 찾아가 보았지만 결국 찾지 못했더라는 이야기예요. 이후 복숭아꽃이 만발한 정원, 그러니까 '도원'은 낙원 같은 이상향을 의미하게 되었지요.

이제 다시 〈몽유도원도〉로 돌아가서 이 '도원'이 어디에 있는지 찾아볼까요?

옛날 사람들은 오늘날 우리랑 글을 쓰는 방식이 좀 달랐답니다. 글씨를 오른쪽 위에서 시작해서 아래를 향해 세로로 써 내려갔지요. 이렇게 글을 썼으니 그림 역시 자연스레 오른쪽에서 왼쪽으로 보게 되었겠죠? 그래서 옛 그림은 오른쪽에서 왼쪽 방향으로 그려지곤 했답니다.

그런데 〈몽유도원도〉는 왼쪽에서 시작되는 그림이에요. 우리에게는 익숙하지만 옛 그림으로는 독특하다고 할 수 있겠죠. 여러분, 그림 속으로 들어갔다고 생각하고 왼쪽에서부터 함께 걸어볼까요?

먼저 맨 왼쪽에 야트막한 산이 있어요. 주변에 비해 낮고 부드럽게 표현되어 있죠. 우리가 주변에서 볼 수 있는 현실 세계의 산을 표현한 거예요. 여기에서 오른쪽으로 조금 걸어가면 뾰족하고 기이한 바위산들이 나와요. 처음 만났던 산과는 확연히 다르죠. 여기에 서면, 이제 뭔가 다른 세상으로 들어가겠구나 하는 생각이 들죠.

울퉁불퉁한 바위산 사이로 좁은 길이 구불구불 이어지고, 중간에는 계곡물이 흐르네요. 이렇게 험한 길을 가로질러 나오니, 다시 길이 보이다가 폭포가 하나 나옵니다. 이쯤에서 안평 대군이 꿈속 노인을 만나지 않았을까 싶어요. 여기에서 돌연 풍경이 바뀌거든요.

〈몽유도원도〉

내내 바위산으로 시야가 막힌 길을 걷다가 갑자기 넓은 공간이 확 펼쳐지는 거예요. 바위산에 둘러싸인 채 복숭아나무가 가득한 도원이 눈앞에 나타난 거죠. 오른쪽 윗부분 구석에는 집도 몇 채 보이네요.

여러분, 이쯤에서 그림을 그리는 화가의 시선이 좀 달라졌다는 느낌을 받지 않았나요? 도원을 찾아가는 길은 화가가 살짝 높은 곳에서 아래를 내려다보는 것처럼 그린 듯해요. 바위산이 잔뜩 보이기는 하는데 옆으로 난 길이나 풍경이 한눈에 잘 보이지 않고, 바위산들도 더 뾰족하고 험해 보이죠. 그런데 복숭아나무가 펼쳐진 도원은 마치 하늘에서 아래를 내려다보는 것처럼 보여요. 그래서 바위산에 둘러싸여 있는데도 복숭아꽃이 가득 피어 있는 도원이 시원하게 눈에 들어옵니다.

꿈속의 이야기가 마치 예언처럼

〈몽유도원도〉는 여러 가지 면에서 중요한 의미가 있답니다. 조선 최고의 천재 화가로 꼽히는 안견이 남긴 유일한 작품이니까요. 또한 당시 뛰어난 글과 그림 솜씨로 유명했던 안평 대군이 직접 쓴 글씨가 담겨 있기도 하죠.

그뿐이 아니랍니다. 그림 옆에는 당시 집현전 학자 20여 명이 그림을 칭송하며 남긴 글이 덧붙어 있어요. 그 덕분에 그림 한 장으로 박팽년, 성삼문, 신숙주와 같은 유명한 선비들의 글과 글씨를 함께 볼 수 있는 거죠. 처음 안견이 〈몽유도원도〉를 그렸을 때 그림 길이는 1미터 정도였다고 해요. 그러나 선비들의 글씨

까지 이어 붙으면서 무려 20미터가 넘는 작품이 되었답니다.

앞에서 안평 대군은 세종 대왕의 셋째 아들이라고 이야기했죠? 안견에게 〈몽유도원도〉를 그리게 한 안평 대군이 어떤 사람이었는지 알려면 주변 가족들을 살펴봐야 해요. 세종의 첫째 아들로 왕위에 오른 문종은 몸이 약해 왕위에 오른 지 2년 만에 돌아가시죠. 그러다 보니 갑작스레 문종의 어린 아들이 왕위에 오르게 됩니다. 바로 단종이지요. 그러나 세종의 둘째 아들, 즉 안평 대군의 형이며 단종의 삼촌이었던 수양 대군은 야심이 많은 인물이었습니다. 수양 대군은 자신이 왕위를 차지하기 위해 나이 어린 조카를 견제하기 시작합니다. 그러면서 자신의 바로 아래 동생인 안평 대군까지도 제거해야겠다고 결심합니다.

한편 당시 안평 대군은 자신이 꿈속에서 본 도원과 비슷하다고 하여 백악산 아래 계곡에 무계정사라는 정자를 지어 놓고 친분이 있는 선비들과 모임을 갖곤 했답니다. 그런데 수양 대군은 그곳을 두고 안평 대군이 역모를 꾸민 근거지라고 모함을 했죠. 그렇게 안평 대군을 유배 보내고 마지막에는 사약까지 내린답니다. 결국, 안평 대군은 죽음을 맞이하죠.

그뿐 아니라, 〈몽유도원도〉에 칭송하는 시를 썼던 많은 학자도 탄압의 대상이 되지요. 안평 대군의 지지자라고 말이에요. 결국 박팽년과 성삼문은 사형을 당해요. 반면 신숙주와 최항은 수양 대군 편으로 변절하여 높은 관직에 오르며 승승장구하게 되지요.

여러분, 앞서 이야기한 안평 대군의 꿈 이야기 기억나요? 안평 대군은 꿈속에서 처음에 박팽년과 함께 걷고 있었는데, 나중에 신숙주와 최항이 나타나더라고 이야기했었죠. 두 세력의 운명이 다르게 결정된 것이 꿈속 이야기와도 묘하게 맞아떨어지네요.

안견과 〈몽유도원도〉는 어떻게 되었을까?

상황이 이렇게까지 전개되었다면 한 사람의 안부가 궁금하지 않을 수 없죠? 바로 안평 대군의 꿈을 〈몽유도원도〉라는 멋진 그림으로 표현해 준 화가, 안견이지요. 안평 대군과 안견 사이에는 이와 관련한 일화 하나가 남아 있어요.

하루는 안평 대군이 중국에서 가져온 귀한 먹을 안견에게 보여주며 자랑을 했답니다. 그런데 어느 틈에 먹이 사라져 버린 거예요. 안평 대군은 사라진 먹을 찾기 위해 분주하게 움직이고 있는데, 아니 글쎄 안견의 옷소매에서 먹이 툭 하고 떨어지더랍니다. 다른 사람도 아닌 안견이 그런 행동을 했다는 것에 몹시 화가 난 안평 대군은 호통을 쳤고, 그 이후 두 사람은 만나지 않았다고 합니다. 안견은 그 일로 안평 대군과 교류가 끊긴 덕분에 공교롭게도 수양 대군으로부터 목숨을 지킬 수 있었지요.

대체 안견은 안평 대군의 먹을 왜 훔쳤던 걸까요? 뭔가 자연스럽지 않다는 생각이 들기도 해요. 그래서 사람들은 수양 대군의 세력이 커져가는 분위기를 감지한 안견이 안평 대군과의 관계를 정리하려고 일부러 벌인 일이라고 해석하기도 하지요.

이렇게 많은 이야기를 담고 있는 〈몽유도원도〉는 현재 일본의 덴리 대학에 있어요. 2009년도에 일본은 이것이 마지막 대여라는 단서를 붙이고 딱 열흘 동안만 우리나라에 공개했던 거예요. 앞에서 6시간 줄 서서 기다려야 그림을 볼 수 있었다는 신문 기사를 소개했었죠. 우리나라에서 〈몽유도원도〉를 직접 볼 수 있는 마지막 기회라는 생각에 많은 관람객이 몰렸던 것이죠.

우리 문화재인데 왜 일본에 가 있느냐고요? 왜 찾아오지 않는 거냐고요? 이게 생각보다 쉬운 일이 아니라고 해요. 다른 나라에 가 있는 문화재를 돌려받기 위해서는 반출 과정에서 잘못이 있었는지를 증명할 수 있어야 해요. 하지만 〈몽유도원도〉는 안타깝게도 그럴만한 증거나 기록이 남아 있지 않다고 해요.

한편, 문화재를 빌려 오게 되면 별도로 사전 점검을 해요. 그런데 이 과정에서 박물관 학예사들이 탄성을 질렀다고 해요. 바로 〈몽유도원도〉의 복숭아꽃이 그려져 있는 부분을 손전등으로 비췄을 때였죠. 마치 크리스마스트리 장식에 불이 켜진 것처럼 반짝이고 있었다고 해요. 안견이 복숭아꽃의 꽃술마다 금가루를 찍어 두었던 것이죠.

 안타깝게도 더는 진품을 보기 어렵겠지만, 국립중앙박물관에 가면 복제품을 만날 수 있어요. 그곳에 가서 먼저 천재 화가 안견의 그림, '몽유도원도'라고 써 넣은 안평 대군의 글씨, 그림을 칭송하며 써 놓은 당대 최고 학자들의 글씨를 살펴보세요. 다음으로 안평 대군, 안견 그리고 수양 대군의 이야기를 떠올려 보세요. 그리고 마지막으로 여러분이 직접 그림 속으로 들어가 보세요. 그림 왼쪽에서부터 걸어가서 작은 입구를 지나 비밀스러운 장소로 들어가요. 그곳에서 크리스마스트리 전구처럼 반짝거리고 있는 복숭아꽃 정원을 만나 보세요.

만들기 마블링 물감으로 만드는 몽유도원도

몽유도원도는 꿈속 풍경을 그린 것이죠. 그림 속의 바위는 마치 구름이 피어오르는 것처럼 표현되어 있어 꿈을 꾸는 듯한 느낌이 들지요. 마블링 물감을 사용해서 꿈결 같은 몽환적인 산세를 표현해 볼 거예요. 물과 기름이 분리되면서 만들어 내는 다양한 무늬를 찍어 보세요.

재료: 마블링 물감, 도화지, 물, 매니큐어, 나무젓가락
도구: 그릇, 가위, 풀, 사인펜

1 물을 담은 그릇에 마블링 물감을 몇 방울 떨어뜨린 후 나무젓가락으로 저어 주세요.

2 그릇 위에 종이를 올려 물감을 묻힌 뒤 말려요.

3 같은 방법으로 여러 가지 색깔을 도화지에 찍어 말립니다.

4 말린 도화지를 나무나 바위 등 다양한 모양으로 잘라요.

5 도화지를 준비해 오른쪽 윗부분에 사인펜으로 작은 나무를 여러 개 그린 뒤 매니큐어를 콕콕 찍어 꽃을 표현해요.

6 도화지 나머지 부분에 미리 준비해 잘라 두었던 모양들을 붙이면 완성!

완성!

최북 〈게〉

[조선]

15
조선의 괴짜가
손가락으로 그린 그림

조선 시대에 실제 있었던 이야기입니다. 한 선비가 그림 잘 그리기로 유명한 화가를 찾아가 그림 부탁을 했지요. 시간이 흘러흘러 화가는 그림을 완성하고 선비에게 꺼내 보였지요. 그랬더니, 아 글쎄 이 선비가 이것저것 트집을 잡으면서 지적을 하더래요. 당시에는 화가라는 직업을 얕보는 분위기가 있었으니, 선비의 태도가 어떠하였으리라는 게 짐작이 가죠.

정성을 들여 그림을 그린 화가 입장에서는 서운하기도 하고 자존심이 상하기도 했겠죠. 화가는 선비에게 "남이 나를 저버리느니 차라리 내가 나를 버리겠다." 하고 답해요. 그러더니 돌연 자신의 오른쪽 눈을 찔러 버리죠.

작품에 대한 지적을 받았다고 자신의 눈을 찔러 버리다니! 보통 독한 사람이 아니죠. 그러면서도 한편, 화가로서의 자의식이 얼마나 강한 사람인지를 엿볼 수 있어요. 이 이야기 속 주인공은 어떤 사람일까요?

붓으로 먹고사는 사람

앞에서 들려준 이야기 속의 화가는 조선 시대 3대 괴짜 화가 중 한 명인 최북이에요. 비슷한 맥락의 이야기가 또 하나 전해져 와요. 한번은 최북이 금강산 구룡연이라는 곳에 갔어요. 금강산은 조선 선비들 사이에서도 죽기 전에 한번 가 봐야 할 곳이라는 이야기가 나올 만큼 경치가 빼어난 곳이죠. 최북은 거기서 술에 잔뜩 취해요. 술에 취한 건지, 경치에 취한 건지 울다가 웃다가 하더래요. 그러더니 큰소리를 지르며 금강산 연못 속에 뛰어들었다지요. 다행히 일행이 건져 주어서 목숨을 건질 수 있었다고 해요.

죽을 뻔한 상황이었는데, 밖에 나와서 한 말이 그야말로 압권이에요.

"천하에서 유명한 나는 당연히 이 세상 가장 멋진 산에서 죽어야 한다!"

정말 괴짜라 불릴 만하죠. 이처럼 그에 대해서는 괴팍한 성격과 관련한 일화들이 많이 전해지지요. 하지만 그의 그림 실력만큼은 무척 뛰어나서 그림 주문이 끊이지 않았다고 해요. 특히 메추라기 그림

최북이 그린 〈추순탁속〉의 메추라기

을 잘 그려서 '최메추라기'라고 불리기도 했다고 해요. 본인 자신은 '호생관'이라는 호를 사용했어요. '붓으로 먹고사는 사람'이라는 뜻이죠. 화가라는 직업을 달리 표현한 거예요. 〈게〉 그림의 맨 왼쪽 부분을 보면 한자로 적힌 '호생관毫生館'이라는 호가 보여요.

손가락으로 그린 그림

최북이 남긴 작품 중에는 '붓이 아닌 다른 것'을 사용해서 그린 그림도 있어요. 바로 이 그림, 〈게〉라는 작품이죠.

그림을 한번 살펴보세요. 갈대의 뾰족한 삐침이나 게의 가느다란 다리를 붓이 아니면 무엇으로 표현한 걸까요? 힌트는 그림 속 '指'라는 한자예요. 손가락을 뜻하죠. 이 그림은 특이하게 붓을 사용하지 않고 손가락을 사용해서 그린 그림이에요. 이런 그림을 '지두화'라고 해요. 지두화라고 해서 손가락만을 사용한 것은 아니에요. 손톱, 손등, 손바닥 등 손의 일부를 사용한 그림을 전부 지두화라고 한답니다.

지두화는 중국에서 유행하였다가 조선 후기에 우리나라로 들어오지요. 당시 유명한 화가들의 지두화 작품이 남아 있어 그 기법이 관심을 많이 받았다는 걸 알 수 있어요.

손가락으로 그림 그리는 게 쉽지만은 않아요. 손은 붓과 달리 먹물을 흡수하고 있지 못하기 때문에 빨리 말라 버리죠. 그러다 보니 긴 선을 끊기지 않게

그리기가 어려워요. 그럼에도 최북은 손가락만으로 갈대 끝의 뻐침을 잘 표현해냈죠. 또한, 한 가지 색밖에 낼 수 없는 먹으로 농도를 조절하여 두 마리 게를 각각 다른 느낌으로 표현했어요. 만약 게 두 마리가 똑같이 진한 먹으로 표현되어 있었다면 그림이 조금 재미없었을 거예요.

또 다른 괴짜 화가, 김명국

마지막으로 최북 못지않은 기이한 행동으로 유명했던 괴짜 화가를 한 명 더 소개해 드릴까요? 〈달마도〉 그림으로도 유명한 김명국 이야기입니다. 한 스님이 김명국을 찾아가서 지옥을 주제로 한 그림을 한 폭 그려 달라고 이야기했어요. 최북과 마찬가지로 평소 술을 무척이나 좋아하던 김명국은 그림 값으로 술만 마시다가 미친 듯이 그림을 그려 냈지요.

어느덧 시간이 흘러 스님이 그림을 찾기로 약속한 때가 왔어요. 김명국은 그림을 펼쳐서 보여 주죠. 그러자 스님은 그림을 보자마자 깜짝 놀라며 화를 냅니다. 그림 속에서 지옥에 빠져 울부짖고 있는 이들이 모두 승복을 입은 짧은 머리의 스님으로 그려져 있었거든요. 스님은 화를 내며 그림 값으로 준 옷감을 돌려 달라고 합니다. 하지만 화가는 되레 이렇게 큰소리를 쳤어요.

"지옥에 가야 할 놈들은 세상과 백성을 어지럽힌 너희 중놈들이 아니냐."

지옥에 빠진 이들을 스님으로 그려서 당당하게 내미는 화가한테 호통까지 들었으니, 이 스님은 기가 막힐 노릇이죠. 그런데 김명국은 뻔뻔하게도 스님더러 술을 더 가지고 오면 그림을 다시 그려 주겠다고 해요. 다시 술을

김명국의 〈달마도〉

받아먹고 취한 그는 그림을 고치기 시작해요. 그림 속에서 지옥에 빠진 스님들을 붓을 몇 번 왔다 갔다 해서는 일반 중생으로 바꾸어 놓지요. 머리 부분에는 선을 그어서 머리카락을 만들고 회색 스님 옷에는 색깔을 집어넣은 것이죠. 그림을 받아든 스님은 이거 웃어야 할지 울어야 할지 싶었을 거예요.

최북과 김명국, 이런 자유분방한 성격들이 그들만의 거침없는 작품들을 만들어내지 않았을까요?

만들기 손가락으로 그리는 게

최북이 그린 <게> 그림은 지두화예요. 붓 대신 손가락에 먹물을 묻혀 그린 그림이지요. 손가락을 천천히 움직이면 선의 끝 부분이 굵게 표현되고, 빨리 움직이면 삐침이 날카롭게 표현되지요. 속도를 다르게 하면서 선의 느낌을 비교해 보세요.

재료 : 도화지, 먹물
도구 : 사인펜

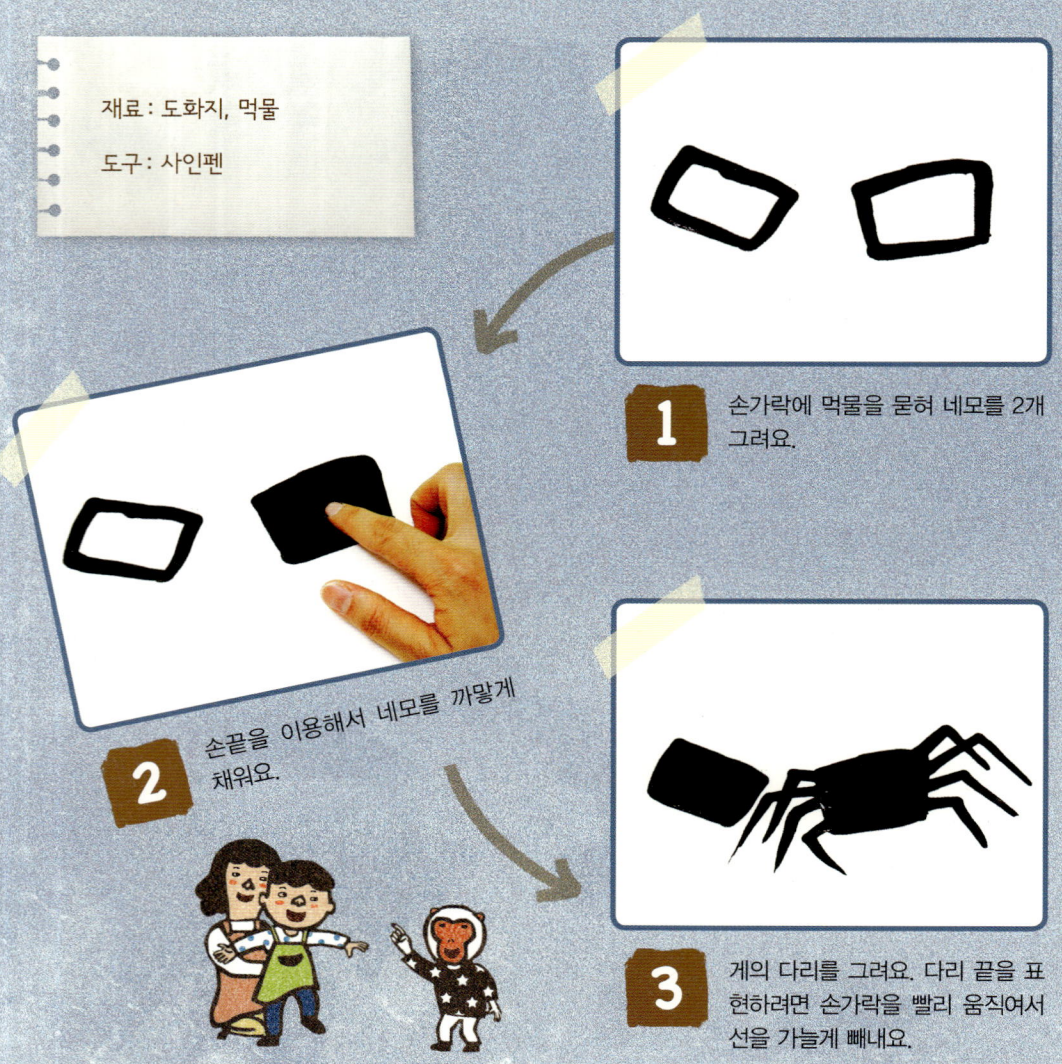

1 손가락에 먹물을 묻혀 네모를 2개 그려요.

2 손끝을 이용해서 네모를 까맣게 채워요.

3 게의 다리를 그려요. 다리 끝을 표현하려면 손가락을 빨리 움직여서 선을 가늘게 빼내요.

4 다른 게의 다리도 그리고, 게의 눈을 그려요.

5 갈대를 그려 넣어요.

"완성!"

6 왼쪽 윗부분에 빨간 사인펜으로 자신의 이름을 도장처럼 써 넣어요.

김홍도
〈해탐노화도〉
[조선]

16
화가는 '갈대와 게' 속에 무슨 뜻을 숨겨 놓았을까?

이번에 같이 볼 그림은 김홍도의 '해탐노화도'랍니다. 한자를 보면 게 해, 탐할 탐, 갈대 노, 꽃 화, 그림 도. '게가 갈대꽃을 욕심내는 그림'이라는 뜻이지요.

여러분, 게는 어디에서 살지요? 또 무얼 먹고 사나요? 게는 갯벌에서 죽은 고기나 조개류를 먹고 살아요. 그런데 그림 속의 두 마리 게는 먹을 수도 없는 갈대를 왜 저리 꼭 쥐고 있는 것일까요? 김홍도는 왜 이런 그림을 그린 것일까요.

사실 이 한 장의 그림에는 김홍도가 하고 싶은 이야기가 몇 가지 숨겨져 있답니다. 수수께끼같이 숨겨져 있는 화가의 의도를 함께 찾아볼까요.

엿과 찹쌀떡 대신 선물하는 그림

  그림의 소재인 갈대와 게에 대해 차례대로 이야기해 볼게요. 먼저, 갈대부터 살펴보도록 해요. 예전에는 관리가 되기 위해서는 과거 시험을 봐야 했어요. 그리고 과거에 합격하면 왕으로부터 선물을 받았답니다. 바로 술과 고기였지요. 이때 내려 받은 고기를, 전할 전에 고기 려를 써서 '전려'라고 했대요. 여기서 고기를 뜻하는 한자 '려'는 중국 발음으로 '디에'라고 읽어요. 그런데 갈대의 '노

도 같은 발음으로 소리가 난답니다. '고기'와 '갈대'. 이 둘 사이에 직접적인 관련은 없지만, 발음이 같아서 그림 속의 갈대는 왕이 주는 고기를 상징하게 된 거죠. 그렇다면 게가 갈대를 꼭 붙잡고 있는 이유를 짐작할 수 있겠죠?

바로 과거에 합격해서 왕이 주는 고기를 먹으라는 의미를 담고 있는 것이죠. 의미를 알고 그림을 다시 보니 게의 등딱지 선이 힘을 잔뜩 주고 인상을 찌푸리고 있는 간절한 얼굴 표정처럼 보이지 않나요?

다음으로, 게를 살펴볼까요? 게는 껍질이 딱딱하죠. 단단한 껍질을 한자로는 '갑'이라고 해요. 그런데 '갑'은 껍질이라는 의미 말고도 '으뜸' 또는 '첫 번째'라는 뜻도 있답니다. 그래서 과거 시험에 1등으로 합격한 선비에게는 '갑과'라는 등급을 주었다고 해요.

아하! 그렇다면 갈대를 꼭 잡고 있는 동물이 게인 것은 우연이 아니겠네요. 갈대를 잡은 것처럼 과거 합격을 하는데 이왕이면 게와 발음이 같은 1등을 하라는 거죠. 조선 역사 500년을 통틀어서 과거에 합격한 사람은 정확히 15,151명이었다고 해요. 이렇게나 많이 뽑았냐고요? 이 숫자를 500년으로 나누어 보면 1년에 30여 명 정도밖에 되지 않아요. 그만큼 과거 합격은 참으로 어려운 일이었지요. 그러니 과거 시험에서 1등을 한다는 건, 정말 대단한 일이겠죠.

오늘날 우리도 중요한 시험을 앞둔 사람에게 찹쌀떡이나 엿을 선물하죠. 예전에는 과거 시험을 앞둔 선비에게 이런 그림을 선물하곤 했어요. 예나 지금이나 시험을 앞둔 사람에게 응원하는 마음을 담아 선물을 건네는 건 그대로네요.

그저 합격하라고만 이야기하지 않아요

이 그림은 여기서 끝이 아니랍니다. 단순히 과거 합격을 응원하는 그림은 아니라는 거죠. 갈댓잎 위쪽으로 글씨가 쓰여 있네요. 해룡왕처야 횡행. 풀어 보면 '용왕 앞에서도 자기 생긴 대로 옆으로 걸어간다'는 뜻이지요. 게는 원래 옆으로 걷는 동물이죠. 그런 동물이 제아무리 높은 용왕 앞이라 하더라도 똑바로 걷지는 않겠죠. 그런 것처럼 관리가 되더라도 본인이 옳다고 생각하는 대로 소신껏 정치하라고 이야기하고 있는 것이랍니다. 임금 앞에서도 당당하게 말이죠. 덕담을 건네면서 당부도 잊지 않았어요.

여러 의미를 담은 옛 그림 속 동물들

그림 한 장에 참 많은 이야기가 담겨 있네요. 이처럼 우리 옛 그림에는 숨은 의미가 담겨 있는 경우가 종종 있어요. 주로 동물을 통해 의미를 전하곤 했죠. 이번에는 그림 속에서 동물이 갖는 숨은 의미를 더 찾아볼까요?

앞에서 설명한 갈대와 게처럼 '과거 합격'을 상징하는 동물이 또 있어요. 바로 오리와 원숭이지요. 오리 압鴨을 보면 왼쪽의 한자가 으뜸 갑甲이에요. 갑이 과거 시험에서 장원 급제를 의미한다는 건 앞에서 살펴보았죠? 한편 원숭이를 뜻하는 '후'는 중국의 높은 벼슬인 '제후'의 '후'와 발음이 같아요. 그래서 원숭이가 그려진 그림은 높은 벼슬을 가지라는 의미를 담고 있는 거죠.

　다음으로 '장수를 상징하는 동물' 하면 제일 먼저 무엇이 떠오르죠? 바로 거북이에요. 거북은 무려 100년을 넘게 산다고 해요. 장수를 상징하는 대표적인 동물이죠. 한편, 앞에서 나온 갈대의 예처럼, 뜻은 관련이 없으나 발음 때문에 '장수'의 의미를 갖는 동물도 있어요. 고양이와 나비랍니다. 고양이 '묘'와 70살 노인을 뜻하는 '모'는 중국어로는 '마오'라고 똑같이 발음이 되지요. 또한, 나비

화가는 '갈대와 게' 속에 무슨 뜻을 숨겨 놓았을까?

1 장수를 기원하는 의미가 담긴 고양이와 나비 그림. 김홍도 〈황묘농접도〉
2 다산과 풍요를 상징하는 수박과 쥐 그림. 신사임당 〈초충도〉
3 행복을 상징하는 박쥐 조각. 경복궁 자경전 십장생 굴뚝

'접'과 80세 노인을 뜻하는 '질'은 '디에'라 하여 발음이 같고요. 그래서 그림 속의 거북, 고양이, 나비는 장수를 기원하는 의미를 담고 있죠.

마지막으로 '다산과 풍요'를 상징하는 동물들이 있어요. 쥐는 한 해에 새끼를 50마리 정도 낳는다고 해요. 이렇게 번식력이 왕성한 데다가 먹이를 모아 놓는 습성까지 있어 쥐는 다산과 풍요로움을 대표하는 동물이죠. 쥐 옆에는 수박이 함께 그려지는 경우가 많아요. 수박 역시 씨가 많은 과일이라 다산을 상징하는 것이죠.

또한, 박쥐 역시 새끼를 많이 낳는 동물이에요. 더구나 박쥐 '복'은 행복 '복'과 발음이 같기도 해서 옛사람들은 박쥐가 풍요로움을 가져다준다고 믿었어요. 그런 의미에서 경복궁 자경전 십장생 굴뚝에도 박쥐가 새겨져 있지요.

이제 옛 그림 속에서 동물이나 과일을 보게 되면 무심히 지나치지 말고, 화가가 숨겨 놓은 이야기를 찾아보세요.

뜻을 숨겨 넣는 골판지 공예

옛 그림 속 동물에는 여러 가지 뜻이 숨겨져 있곤 해요. 우리는 성공을 상징하는 원숭이와 장수를 상징하는 나비를 띠 골판지를 이용하여 표현해 볼 거예요. 띠 골판지의 끝부분은 목공풀이나 양면테이프로 마무리해요.

재료: 띠 골판지, 나무젓가락, 양면테이프(또는 목공풀)
도구: 가위

1 흰색 골판지를 원 모양으로 둥글게 말고 그 위에 갈색 골판지를 감은 뒤 양쪽을 살짝 눌러 뾰족하게 만들어요.

2 갈색 골판지를 원 모양으로 둥글게 말아 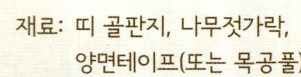과 붙여서 연결해요.

3 분홍색 골판지로 눈과 입, 귀, 그리고 팔과 다리를 만들어 붙여 원숭이를 완성하세요.

4 나무젓가락을 갈색 골판지로 감고, 아랫부분을 녹색 골판지로 감아 기둥을 세우세요.

5 연두색과 녹색 골판지를 세 겹씩 감아서 잎사귀를 여러 개 만들어 기둥에 붙여요.

6 노란색, 주황색, 빨간색 순서로 골판지를 원 모양으로 둥글게 감아 한쪽을 뾰족하게 만들어요. 이것을 두 개 만들어요.

7 노란색과 빨간색 골판지로 조금 더 작은 모양을 두 개 만든 뒤 **6**과 붙여요. 더듬이도 만들어 붙여서 나비를 만들어요.

완성!

8 **5**에 원숭이와 나비를 붙여요.

경복궁
자경전 꽃담
[조선]

17
조선 시대에도 벽화가 있었다!

집 담장과 지붕만으로 관광객을 끌어들이는 동네가 있어요. 부산 감천마을이랍니다. 이곳은 한국 전쟁 이후 하나둘 모여든 사람들에 의해 만들어진 마을이에요. 처음 동네가 만들어졌을 때는 사람들의 관심을 끌지 못했어요. 그러나 집 담장에 페인트로 다양한 색이 칠해지면서 서로 어우러져 정감어린 풍경을 만들어 버게 되었죠. 그리고 지금 감천마을은 부산의 대표적인 관광명소가 되었답니다. 집 담장과 지붕도 예술의 영역에 들어갈 수 있음을 생각해 보게 되지요.

한편, 우리 선조들도 담장을 그냥 지나치지 않았죠. 우리나라에서 가장 예쁜 담장으로 손꼽히는 경복궁 자경전 꽃담을 함께 살펴보도록 해요.

흥선 대원군의 마음이 담긴 건물

조선 시대에는 모두 5개의 궁궐이 지어졌어요. 그중 가장 규모가 큰 것이 경복궁이지요. 그러나 경복궁은 임진왜란 때 불에 타서 한동안 사용하지 않았어요. 200여 년이 지나 흥선 대원군 때 이르러서 다시 짓기 시작했답니다. 그때 다른 건물도 새로 지어지게 되는데, 그중 하나가 경복궁 자경전이에요.

자경전은 '어머니께서 복을 누린다.'라는 뜻이에요. 흥선 대원군이 어머니를 위해 지은 건물이냐고요? 정확히 이야기하면 어머니는 아니지만, 어머니와 같은 분을 위해 지은 것이지요. 무슨 이야기냐고요?

경복궁 자경전

1863년, 철종 임금은 자식을 남기지 않고 죽지요. 그러다 보니 다음 왕위를 이어받을 누군가가 빨리 세워져야 했어요. 그때 이전 왕이었던 헌종의 어머니인 신정 왕후, 그러니까 조 대비가 다음 왕을 지목하죠. '대비'란 왕의 어머니를 이야기해요. 평소에는 존재감이 크지 않으나, 이처럼 왕이 자식을 남기지 않아 다음 왕을 지목해야 할 때는 중대한 역할을 맡곤 했어요.

그때, 조 대비가 바로 흥선 대원군의 아들을 지목한 것이죠. 그리고 왕위에 오른 이가 바로 흥선 대원군의 둘째 아들이었지요. 바로 고종 임금이에요. 흥선 대원군은 하루아침에 자기 아들이 왕이 되었으니, 조 대비에게 얼마나 고마웠을까요. 그래서 조 대비에게 지어 준 건물이 바로 자경전이랍니다. 얼마나 정성껏 공을 들여 지었겠어요. 건물 이름도 '어머니가 복을 누리는 건물'이라 하였으니 비록 친어머니는 아니지만, 어머니처럼 대접하고자 했던 마음이 느껴지네요. 그리고 그 고마운 마음의 표현은 자경전 담장에서 절정을 이룹니다.

담장에 숨겨진 꽃과 글씨

옛사람들은 담장에 기와 조각이나 돌을 이용해서 변화를 주곤 했죠. 이런 것을 그림담, 무늬담, 또는 꽃담이라고 불러요.

아름다운 꽃담은 전국에 많이 있지만, 흥선 대원군이 조 대비를 위해 만든 경복궁 자경전 꽃담은 그중에서도 빼어난 것으로 손꼽힌답니다.

자경전 꽃담을 함께 살펴볼까요. 하얀 벽돌에 매화, 복숭아꽃, 모란, 석류, 국

조선 시대에도 벽화가 있었다! 163

　화, 대나무 등이 표현되어 있어요. 꼭 천에 수를 놓은 것 같지요.

　매화는 아직 추위가 가시지 않은 초봄에 가장 먼저 꽃을 피우죠. 복숭아는 신선들이 먹는 신성한 과일로 복숭아나무의 가지 또한 나쁜 기운을 쫓는 힘이 있다고 해요. 모란은 꽃 중의 왕으로 부귀영화와 가장 아름다운 미인을 상징한답니다. 알맹이가 많은 석류는 씨가 많은 수박과 마찬가지로 다산을 상징하지요. 또 국화는 늦서리 내리며 추위가 시작될 때 꽃을 피워요. 힘든 시기를 잘 견디어 내는 꽃이에요. 한편 대나무는 사계절 내내 푸르면서 향 또한 진합니다. 늘 한결같은 우직함을 상징하죠.

　이렇게 의미가 가득한 그림 사이사이에는 한자가 숨겨져 있답니다. '만수무강 萬壽無疆 수복강녕壽福康寧' 오래오래 살면서 복을 누리고 건강하고 편안하게 살라는 뜻이지요. 아마도 흥선 대원군이 조 대비에게 건네는 덕담이었겠지요.

자경전 꽃담의 매화, 국화, 모란, 대나무

그림과 글자가 어우러진 자경전 꽃담

반복되는 무늬는 왜 만든 것일까?

자, 그다음으로 반복되는 무늬를 살펴볼게요. 같은 무늬가 반복되면서 일정한 패턴을 만들어 내고 있어요. 보기에 아름답죠. 그러나 이 무늬는 단순히 아름답게 보이기 위한 장식이 아니라, 무언가를 기원하는 염원을 담고 있기도 하답니다.

먼저, 육각형 모양이 반복되는 부분이 있어요. 이 무늬를 보면 어떤 동물이 떠오르지 않나요. 맞아요. 거북이에요. 거북은 오래 산다고 알려져 있죠? 담장에 거북등무늬를 반복적으로 표현해서 장수하기를 기원하는 거예요.

다음으로 가로세로가 교차되어 있는 부분이 보여요. 석쇠무늬라고 하고, 바둑판무늬라고도 하지요. 가로세로가 촘촘하게 얽혀 있으니 뭔가 통과하기 어렵겠지요? 이건 악귀가 체에 걸려서 통과하지 못하게 하는 상징적 의미를 가져요.

거북등무늬

바둑판무늬

우리 옛이야기에도 이와 비슷한 것이 있죠? 도깨비가 대문에 걸린 체를 보고, 체 구멍을 세다가 날이 하얗게 밝아서 도망가 버렸다는 이야기와도 닿아 있다고 볼 수 있겠네요.

붉은색과 흰색이 대조를 이루고 있는 자경전 꽃담은 어떤 나무와 꽃을 심어 놓은 것보다도 멋진 풍경을 만들고 있어요. 경복궁에 가면 사시사철 피어 있는 이 꽃담을 살펴보세요.

만들기 비즈로 만드는 꽃담 무늬

꽃담에 있는 무늬를 비즈로 표현해 볼 거예요. 비즈를 배경판에 꽂은 다음에는 다림질을 해야 해요. 다림질은 부모님과 함께 하세요.

재료: 비즈, 배경판, 기름종이
도구: 다리미

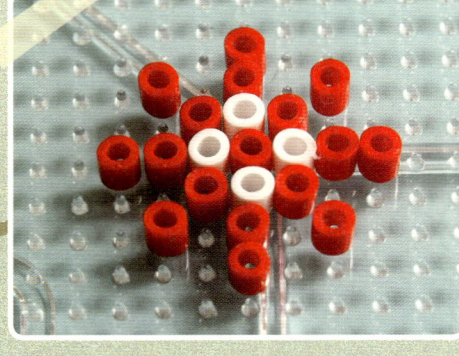

1 배경판 가운데에 붉은색 비즈를 꽂고, 위와 같이 흰색, 붉은색 비즈를 차례로 둘러가며 꽂으세요.

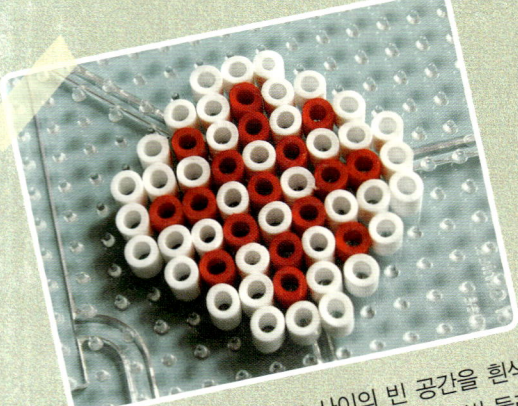

2 붉은색 비즈 사이의 빈 공간을 흰색 비즈로 채우고, 바깥쪽을 한 번 둘러서 채워요.

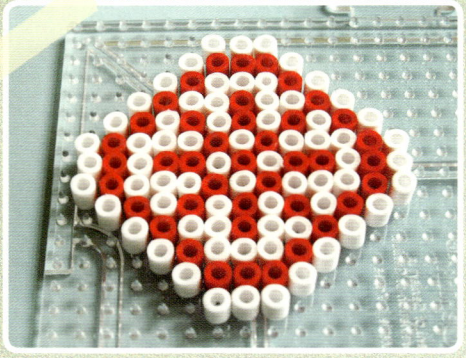

3 붉은색 비즈와 흰색 비즈를 차례로 바깥쪽으로 둘러서 꽂으세요.

4 맞닿는 부분을 생각하면서 같은 모양을 주변 공간에 더 만들어요.

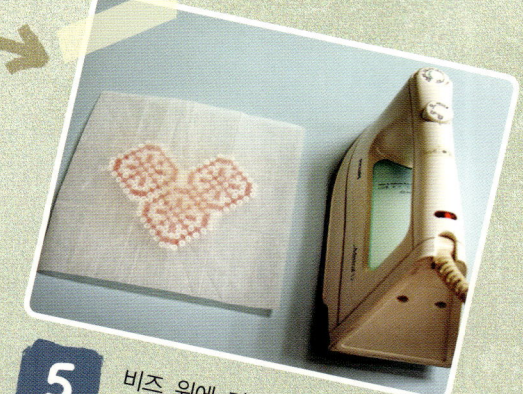

5 비즈 위에 기름종이를 올리고 다리미로 중간 온도에서 10초 정도 다림질을 해요.

6 비즈를 배경판에서 빼내어 뒤집은 뒤 다시 기름종이를 올려놓고 다림질을 하면 완성

완성!

만들기 스티커로 만드는 꽃담 그림

비즈보다 간단하게 스티커를 이용해서 꽃담의 그림을 표현할 수 있어요. 다른 전통 문양도 여러분이 다양하게 표현해 보세요.

재료: 꽃담 그림, 종이, 원 모양 스티커
도구: 연필, 지우개

1 마음에 드는 꽃담 문양을 골라 종이에 연필로 옮겨 그리세요.

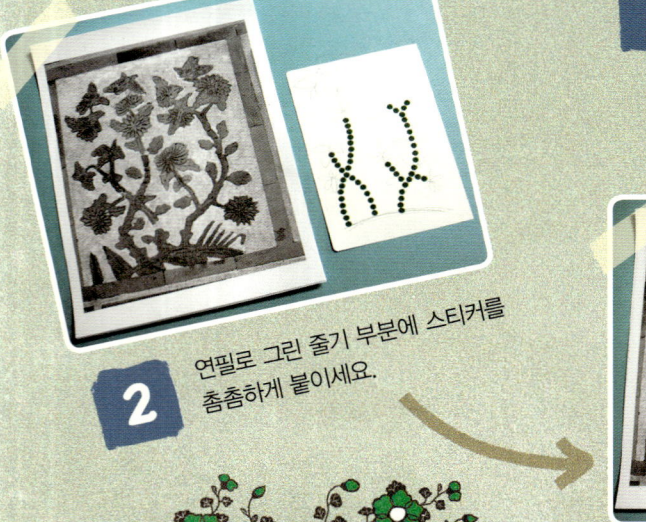

2 연필로 그린 줄기 부분에 스티커를 촘촘하게 붙이세요.

3 스티커로 꽃 부분을 표현해요.

4 잎사귀와 나비 부분까지 스티커를 붙여요.

5 연필선을 지우세요.

완성!

잠깐, 이건 어때요?

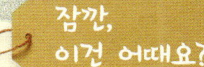

우리나라 전통 문양을 찍어 만든 과자가 있답니다. 바로 다식이지요. 꿀 한 숟가락과 녹차가루 세 숟가락을 섞어서 문양 있는 다식판에 찍으면 쉽게 만들 수 있어요. 부모님과 함께 간식으로 만들어 보세요.

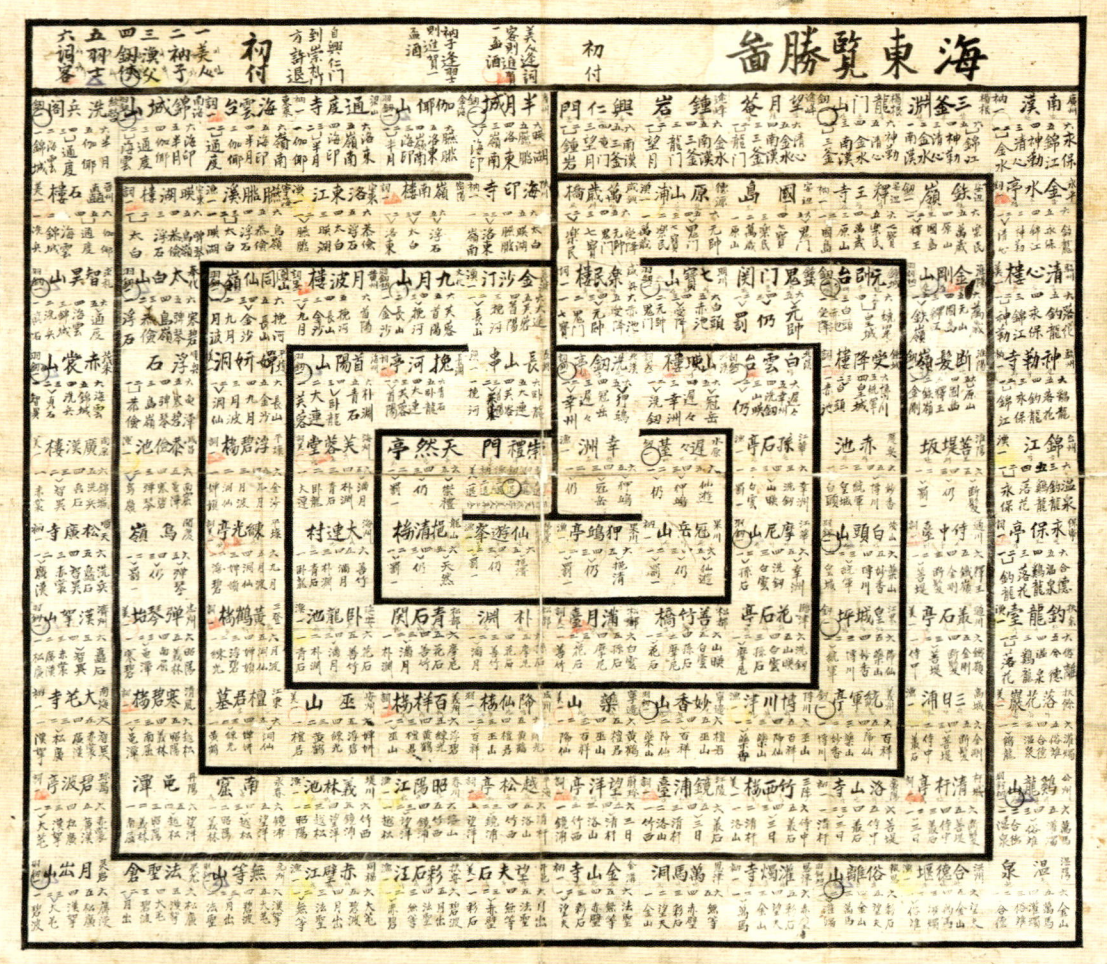

해동남승도
[조선]

18
조선을 유람하는 보드게임

"우리나라는 전 국토가 박물관이다."

《나의 문화유산 답사기》를 쓴 유홍준 교수의 말이에요. 미국의 한 박물관 관계자가 당신네 나라 박물관은 어떠하냐고 물었을 때 들려준 대답이라고 하네요.

아닌 게 아니라 우리나라는 넓지 않은 땅 안에 많은 유적이 오밀조밀 가득하지요. 우리는 학교에서 유적지를 시대별로 또는 지역별로 나눠서 배우기도 하지만, 그곳들을 다 기억하기란 쉽지 않아요. 물론 직접 가 본다면 이야기가 달라지죠. 하지만 현실적으로 전국의 이름난 유적지를 다 돌아보기는 어렵죠. 그렇다면 이건 어떨까요? 직접 다녀보는 것처럼 종이판에서 간접 체험을 해 보면 기억하기가 더 수월하지 않을까요.

이런 고민은 조선 시대에도 있었나 봐요. 이미 우리 옛 선조들은 우리나라의 이름난 곳들을 종이판 위에 모아 두고 그걸 놀이로 만들었답니다. 이번에는 조선판 보드게임인 '해동남승도' 놀이를 살펴볼까요?

우리나라 명승지를 유람하는 놀이

남승도 놀이란 경치가 좋기로 이름난 명승지를 적어 놓은 놀이판을 두고 주사위를 이용하여 유람을 다니는 놀이를 말해요. 앞에 '해동'이라는 말이 붙으면 우리나라를 의미하는 것이니, 결국 '해동남승도'란 우리나라 명승지를 유람하는 놀이판을 말하겠네요.

주로 양반 자제들에게 명승지를 익히게 하기 위한 용도로 만들어졌다고 해요. 놀이를 하면서 한 바퀴를 돌고 나면 우리나라 명소를 자연스럽게 익히게 되는 거지요.

한편, 남승도 놀이판은 지역마다 그려진 방식이나 적혀 있는 명승지가 조금씩 달라요. 바둑판처럼 꽉 찬 네모로 만들어진 것도 있고, 달팽이 모양처럼 뱅글뱅글 돌아가게 한 것도 있죠. 하지만 주사위를 사용하고 시작과 도착이 있다는 것은 모든 남승도의 공통점이에요. 오늘날 보드게임과 비슷하죠. 그러면서도 남승도 놀이에는 다른 게임과는 다른 몇 가지 특징들이 있어요.

독특한 이동 방법과 놀이 말

대부분의 보드게임은 주사위를 던져서 나온 숫자만큼 이동하죠. 하지만 남승도 놀이는 조금 달라요. 칸마다 각각 1에서 6까지의 숫자가 적혀 있어요. 숫자

아래에는 이동할 장소가 적혀 있어요. 그래서 주사위를 던지고 나서 숫자가 지시하는 장소로 말을 이동하는 거예요. 이렇게 되면 훨씬 더 다양한 경우의 수가 나오게 되지요. 그러다 보면 똑같은 장소를 다시 가야 하는 경우도 생길 거예요.

이렇게 반복을 하게 되면 어떤 효과가 있을까요? 자연스럽게 명승지 이름을 익히는 데 도움이 되지 않을까요? 이런 이동 방식은 남승도 놀이가 단순히 즐거움을 주는 것뿐 아니라 학습을 목적으로 하고 있음을 짐작하게 해요.

다음으로 놀이 말 역시 오늘날과는 조금 달라요. 일반적으로 보드게임에서는 서로 다른 색깔로 말을 구분하죠. 남승도 놀이 말은 지역에 따라 약간씩 다르지만 대개 미인, 무사, 도사, 선비, 어부, 스님 등으로 구성돼요.

이렇게 놀이 말을 구체적으로 만든 이유는 게임을 재미있게 만들기 위한 것이겠죠? 이런 놀이 말들은 남승도 판에 있는 각각의 명승지와 관련이 있어요. 그래서 도착하는 지역의 역사, 문화적 특징에 따라 어떤 말에는 좋은 기회를 주거나 벌칙을 주기도 한답니다.

예를 들어 진주 촉석루에 무사가 도착하면 다른 말들은 다음에 나오는 숫자를 무사에게 모두 양보해야 해요. 무사는 다른 사람이 던져서 나온 숫자만큼 자기 말을 움직일 수 있는 거예요. 왜 촉석루에서 모두가 무사의 편이 되어야 했을까요? 진주 촉석루는 임진왜란 때 조선이 왜군을 크게 무찔렀던 곳이랍니다. 이제 짐작이 되나요? 촉석루에서 벌어졌던 전투를 기억하고 왜군과 싸웠던 무사에게 힘을 실어주려는 것이겠죠?

지금은 사라져 버린 지명과 유적지의 흔적

여러 모양의 남승도가 있지만, 우리는 국립중앙박물관에 전시되어 있는 해동남승도를 중심으로 살펴볼까 해요.

맨 왼쪽 윗줄에는 놀이 말이 한자로 적혀 있어요. 미인, 납자, 어부, 인협, 우사, 사객이라고 오른쪽에서 왼쪽 방향으로 써 있죠. 그 옆에는 작은 글씨로 한글도 덧붙여 있어요. 미인, 스님, 어부, 무사, 도사, 선비라고 보면 되지요.

전체적인 모양은 달팽이 모양으로 되어 있죠. 가운데 숭례문(남대문)에서 시작해서 미로처럼 생긴 길을 따라가다 보면 흥인문(동대문)에 도착하게 돼요. 먼저 흥인문에 도착하는 사람이 이기는 거겠죠.

가운데 출발점인 숭례문에서부터 차례대로 살펴볼까요? 처음 ㉮숭례문崇禮門에서 출발하면 다음은 ㉯천연정天然亭이에요. 천연정은 서대문 밖 천연동에 있던 정자 이름이랍니다. 다음으로 ㉰읍청루挹淸樓는 용산에 있던 군인들이 사용하던 2층 건물이었지요. 천연정과 읍청루, 둘 다 지금은 사라졌지만 남승도를 통해 흔적을 찾아볼 수 있지요.

그다음으로 ㉣선유봉仙遊峰은 한강 서쪽에 솟아 있던 봉우리였죠. 그러나 일본이 김포에 비행장과 도로를 만들려고 봉우리를 깎아 흙을 가져가 버려서 지금은 흔적도 남아 있지 않아요. 대신 조선 후기 화가 겸재 정선이 남긴 선유봉 그림을 통해 당시의 모습을 짐작해 볼 뿐이죠. 오늘날 선유봉은 선유도가 되었어요. 선유도 공원으로 더 많이 알려졌지요. 다음 칸에 나오는 ㉤압구정鴨鷗亭 역시 옛날과 지금의 모습이 전혀 달라요. 앞에서 살펴본 안평 대군 이야기 기억하나요? 당시 수양 대군을 도와 단종을 몰아내는 데 앞장섰던 한명회가 지은 정자가 바로 압구정이에요. 지금은 흔적을 알려 주는 비석만 남아 있는데,

남승도 놀이판

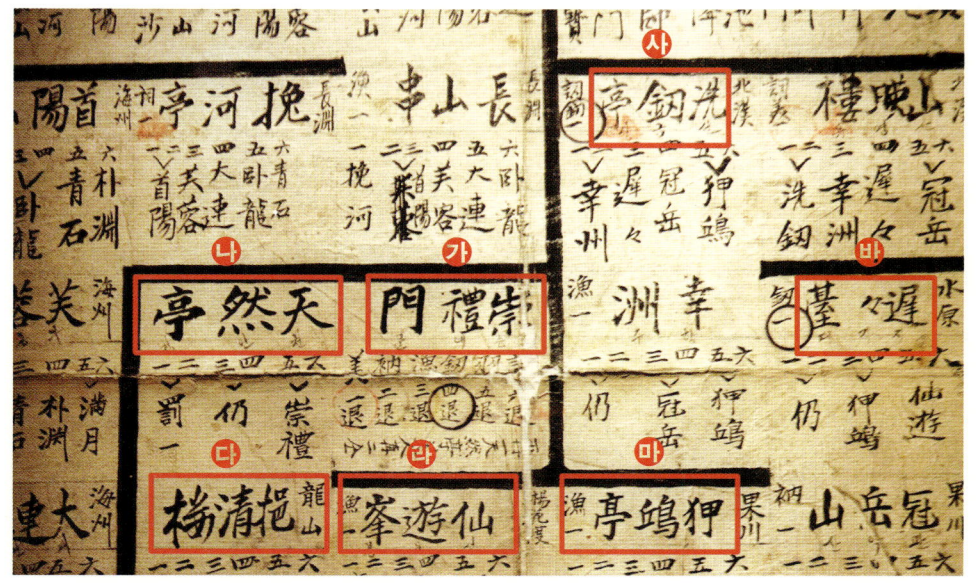

조선을 유람하는 보드게임 177

겸재 정선이 그린
〈압구정〉

역시 겸재의 그림 속에서 당시 모습을 찾아볼 수 있지요.

한편 선유봉과 압구정이 적힌 곳을 자세히 보면 왼쪽에 둘 다 '漁一'이라고 적혀 있어요. 한강 가까이에 있던 곳들이니 어부 말을 가진 사람에게 아까 무사처럼 어떤 혜택을 준 것이 아닐까 싶어요.

다음으로 ㉯지지대遲遲臺라는 명칭이 보이죠. 지지대는 느릿느릿하다는 뜻을 가진 고개랍니다. 이름이 좀 특이하죠? 여기는 정조 임금과 관련이 있는 곳이에요. 이곳은 정조가 수원에 있는 아버지 사도 세자의 묘소로 가는 길목에 있던 고개랍니다. 정조는 서울로 돌아오는 길에 이곳에 많이 서 있곤 했대요. 이 고개를 넘으면 아버지의 능을 더 이상 볼 수 없었기 때문이죠. 이처럼 이곳에 이르면 정조의 행렬이 천천히 걸었기 때문에 '느릿느릿한 고개'라 이름 붙었다고 해요.

다음으로 ㉰세검정洗劍亭이 보여요. 그런데 가만 보니 세검정에는 선비와 무사 모두에게 특혜가 있네요. 아마 세검정의 유래와 관련된 이야기가 두 가지 전해지기 때문일 거예요. '씻을 세'라는 한자가 들어간 세검정은 이름처럼 무언가를 씻는 것과 관련된 이야기가 전해 내려와요.

하나는 광해군 시기에 왕을 쫓아내기 위해 신하들이 모의할 때 이곳에 모여서 칼을 갈고 씻었다는 거예요. 검劍을 씻었던洗 정자亭라는 의미의 '세검정'이니 얼추 맞는 것도 같죠. 다른 하나는 사초를 씻었다는 이야기예요. 사초란 사관들이 궁궐에서의 매일매일을 기록으로 남긴 것을 말해요. 왕이 죽고 나면 후대에 사초를 바탕으로 왕조 실록을 편찬했어요. 그리고 이렇게 실록이 완성되고 나면 사초를 이곳에서 씻어서 내용을 지웠다고 해요. 실록 내용의 논란을 막기 위한 것이었겠죠.

앞의 이야기는 '칼', 뒤의 것은 '글'과 관련이 있네요. 그래서 해동남승도의 세검정 칸에서는 무사와 선비 모두에게 특혜를 주었나 봐요.

어떤가요? 몇 칸만 잠깐 살펴봤는데도 역사 구석구석을 들여다보는 느낌이 들죠? 양반집 아이들은 남승도 놀이를 통해 지명뿐 아니라 각 지역의 역사적 특성까지 자연스럽게 배우게 되었을 거예요.

이번에는 우리도 한번 현대판 남승도 놀이판을 만들어 볼까요?

만들기 서울 유람도

해동남승도에는 우리나라 전국 명승지가 적혀 있어요. 우리는 서울 지역 유적지를 주제로 놀이판을 만들어 볼 거예요. 여러분은 세계 여러 나라를 적거나 동네 가게 이름을 적어서 게임을 만들 수도 있어요. 다양한 주제로 나만의 보드게임을 만들어 보세요.

재료: 하드보드지, 종이테이프(검정)
도구: 연필, 지우개, 자, 사인펜, 주사위

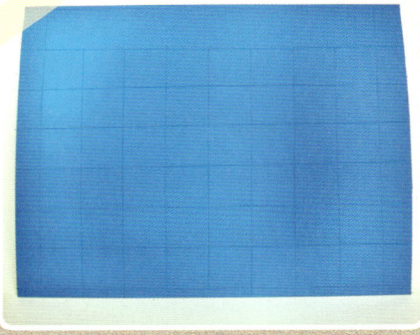

1 하드보드지에 제목을 넣을 윗부분을 남겨 두고 자를 이용하여 연필로 가로 8칸, 세로 6칸을 만드세요.

2 선을 따라서 사진처럼 종이테이프를 차근차근 붙여요.

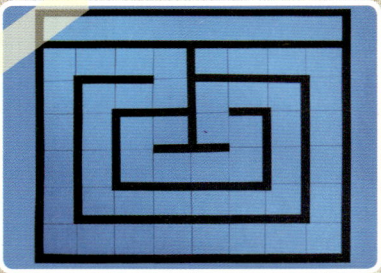

3 제목이 들어갈 맨 윗줄을 빼고, 자와 사인펜으로 연필선을 따라 각 칸을 나눠 그려요.

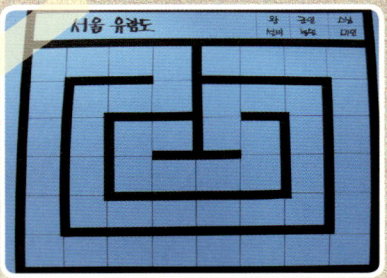

4 맨 윗줄 왼쪽에는 제목을 쓰고, 오른쪽에는 6개의 말을 적어요.

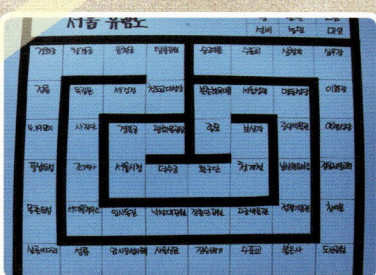

5 시작점부터 서울의 유명한 유적지를 차례대로 적어요.

6 각 유적지 아래 1부터 6까지 써 넣어요.

완성!

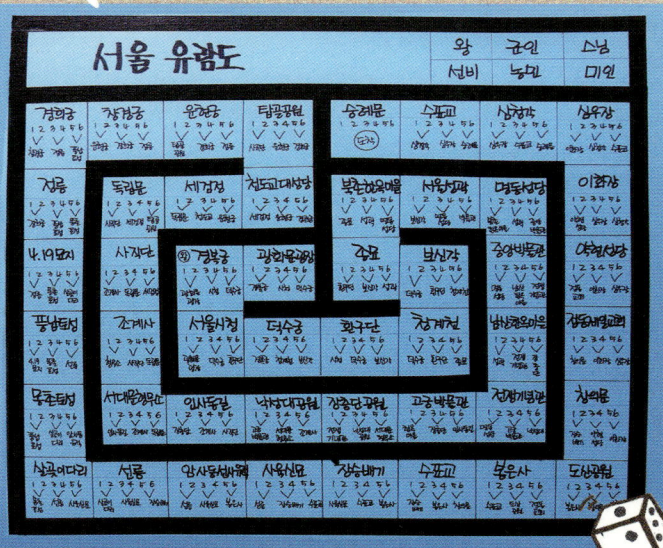

7 숫자 1, 2를 묶어서 이전 칸의 유적지를, 3, 4를 묶어서 다음 칸의 유적지를, 마지막으로 5, 6을 묶어서 몇 칸 앞의 유적지 이름을 적어요.

그리스
청동 투구
[일제 강점기]

19
우리나라 보물로 지정된 다른 나라 유물

42.195. 이것은 어떤 운동 경기와 관련 있는 숫자일까요? 바로 마라톤이지요. 마라톤은 42.195킬로미터를 쉬지 않고 달리는 경기예요. 사람들은 언제부터 오래 달리는 것을 경기로 만들 생각을 했을까요? 이와 관련해서는 지금으로부터 2,500여 년 전 그리스 역사를 살펴봐야 해요.

기원전 490년에 그리스는 페르시아와 전쟁 끝에 승리를 거둡니다. 그리고 한 병사가 이 소식을 전하기 위해 전쟁터로부터 40여 킬로미터를 달려왔다고 해요. 너무 먼 거리를 쉬지 않고 달려왔던 탓일까요. 병사는 "우리가 이겼노라."라는 말을 전한 후 쓰러져 결국 사망했지요. 이를 기리기 위해 마라톤이 시작되었다고 해요. 이런 유래와 관련하여 마라톤 우승자에게는 그리스 청동 투구를 부상으로 주는 전통이 있었다고 하지요.

우리나라에도 그리스 투구를 받은 마라톤 영웅이 한 분 계시죠. 그러나 그분은 그리스 투구를 50년이 지나서야 전달 받을 수 있었어요. 대체 무슨 일이 있었던 걸까요?

50년 만에 받게 된 올림픽 부상

1936년 독일 베를린 올림픽 대회에서 전 세계 선수를 물리치고 마라톤 금메달을 차지한 우리나라 선수가 있지요. 여러분도 한 번쯤 들어 본 이름일 거예요. 바로 손기정 선수입니다. 예정대로라면 손기정 선수에게도 금메달과 함께 그리스 청동 투구가 부상으로 수여되어야 했지요. 하지만 올림픽 위원회는 손 선수에게 투구를 전달하지 않았어요. '아마추어 선수에게는 메달 이외에 어떠한 선물도 공식적으로 할 수 없다.'라는 것이 그들이 내세운 이유였지요. 손기정 선수는 이런 사실을 알지 못한 채 귀국했지요. 그리고 이 사실은 오랜 기간 잊혀 왔습니다.

그러다가 40여 년이 지나 손기정 선수는 우연히 앨범 속 사진에서 그리스 투구의 존재를 알게 됩니다. 투구의 행방을 알아본 결과, 투구가 독일의 베를린 박물관에 있음을 알게 되지요. 이후 그리스의 한 신문사의 주선으로 투구를 찾기 위한 노력이 시작됩니다. 뒤늦게라도 투구의 존재와 행방을 알게 되었으니

베를린 올림픽의 손기정 선수

참으로 다행이었죠. 하지만 그것을 되찾는 과정은 결코 만만하지 않았어요. 독일 박물관은 절대 돌려줄 수 없다는 입장이었어요. 대신 복제품을 주겠다는 제안을 했지요. 하지만 국내 언론과 손기정 선수는 투구를 돌려받기 위해 끈질기게 노력하였고, 결국 1986년에 손기정 선수에게 전달이 됩니다. 그때가 바로 손기정 선수가 금메달을 땄던 베를린 올림픽 개최 50주년이 되는 해였답니다. 20대 청년 마라토너가 무려 50여 년의 세월을 지나 할아버지가 되고 나서야 투구를 받게 된 것이죠.

이 투구는 우리 민족의 것!

현재 그리스 투구는 국립중앙박물관에 가면 볼 수 있어요. 왜 손기정 선수 개인이 갖고 있지 않느냐고요? 투구를 받고 나서 몇 년 후, 손기정 선수는 '이 투구는 나의 것이 아니라, 우리 민족의 것'이라며 박물관에 기증했기 때문이죠. 본인이 마라톤 1등을 해서 받은 상인데, 왜 그것을 '우리 민족의 것'이라고 표현했을까요?

손기정 선수가 베를린 올림픽 경기에 출전했던 때는 우리나라가 일본의 식민 지배를 받고 있던 시기였어요. '조선인 손기정' 대신 '일본인 손기떼이'라는 이름으로 출전해야 했죠. 가슴에는 태극기가 아니라 일장기를 달고 말이죠. 한편, 손기정 선수가 금메달을 땄다는 소식을 들은 우리 국민들도 마냥 기쁠 수만은 없었어요. 일장기를 가슴에 달고 있는 모습을 보고 있자면 나라 잃은 서러움이 밀려들 수밖에 없으니까요.

손기정 선수가 1936년 경기 당시 직접 쓴 엽서 한 장이 공개된 적이 있어요. 금메달을 딴 뒤 베를린에 머물면서 한국 친구에게 보낸 엽서였지요. 거기에는 '슬푸다(슬프다)!!?'라는 세 글자만이 적혀 있었죠. 구구절절한 문장이 아닌 구절 하나만으로도 당시 손기정 선수가 느꼈을 나라 잃은 서러운 마음이 전해지는 듯해요.

일장기를 달고 시상대에 오른 손기정 선수와 남승룡 선수

역사적 의미가 충분한 '손기정 투구'

50년 만에 돌아온 그리스 투구는 기원전 6세기에 만들어진 것으로 독일의 한 고고학자가 1870년대에 발굴한 것이라고 해요. 만들어진 지역이나 발굴한 나라 모두 우리와는 아무 상관이 없어요. 문화적으로도 우리나라 투구와 전혀 비슷한 점이 없죠.

하지만 이 투구에는 손기정 선수의 아픔, 더 나아가 식민지 시절 우리 민족의 서러움이 함께 담겨 있지요. 비록 문화적으로는 우리와 상관이 없지만, 일제 강점기의 암울했던 시대상을 보여 줌으로써 충분히 역사적 의미가 있죠. 이런 이유로 그리스 투구는 현재 우리나라 보물로 지정되어 있답니다. 이처럼 외국 유물이더라도 역사적으로 깊은 관련이 있다면 우리 국보나 보물로 지정될 수 있답니다.

한편, 우리에게는 '그리스 투구'라기 보다는 '손기정 투구'라고 불리는 게 더 적절할 것 같아요. 청동 투구는 국립중앙박물관 기증관에 자리 잡고 있어요. 독일 베를린 박물관에서 우리의 국립중앙박물관까지 먼 길을 어렵게 온 손기정 투구를 박물관에서 꼭 한번 만나 보세요.

만들기: 종이로 만드는 그리스 투구

청동 대신 종이를 이용해서 투구를 만들 거예요. 종이로 만들지만, 무척 튼튼한 투구가 될 거예요.

> 재료: 신문지, 물, 물풀, 풍선, 물감
> 도구: 믹서, 유성 펜, 그릇, 셀로판테이프, 분무기

1 신문지를 잘게 찢어 믹서에 넣고 물을 한 컵 넣은 뒤 죽처럼 될 때까지 갈아요.

2 종이죽을 그릇에 옮겨 담고 물풀을 넣어 섞어요.

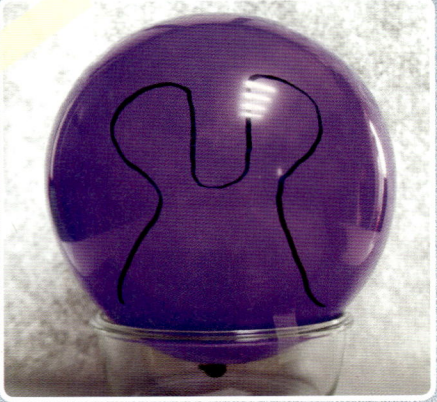

3 풍선을 불어 묶은 뒤 아랫부분을 무게가 있는 그릇에 셀로판테이프로 고정해서 잘 세워요. 그리고 유성 펜으로 투구의 모양을 그려요.

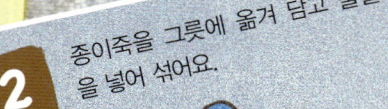

책에 나오는 유물은 어디에서 만날 수 있나요?

■ **국립중앙박물관 [서울 용산]**
홈페이지 http://www.museum.go.kr

01  반구대 암각화 탁본

02  빗살무늬 토기

03  농경문 청동기

04 비파형 동검

05 호우명 청동 그릇

06  금동 연가 7년명 여래 입상

07 금관총 고리자루칼

12  백자 철화 끈무늬 병

18 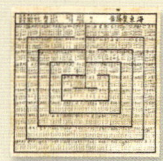 해동남승도

19  그리스 청동 투구

■ **국립경주박물관** [경상북도 경주]
홈페이지 http://gyeongju.museum.go.kr/

08 목제 주령구

■ **리움미술관** [서울 용산]
홈페이지 http://leeum.samsungfoundation.org

10 청자 양각 대나무 마디 무늬 병

11 청화 백자 망우대 초충문 접시

■ **간송미술관** [서울 성북동]
홈페이지 http://www.kansong.org

16 김홍도 〈해탐노화도〉

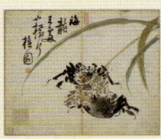

■ **선문대학교박물관** [충청남도 아산]

15 최북 〈게〉

■ **경복궁** [서울 종로]
홈페이지 http://www.royalpalace.go.kr

17 자경전 꽃담

■ **경상북도 안동시 법흥동**

09 법흥사지 칠층 전탑

유물이 박물관 조명에 오래 노출되면 손상을 입을 수 있어요. 그래서 박물관에서는 전시물을 정기적으로 교체한답니다. 시기에 따라 공개하는 유물이 달라질 수 있으니 미리 알아보고 방문하세요.

참고한 책과 자료

01
강응천 외, 《한국생활사박물관 1 선사생활관》, 사계절, 2002
국사편찬위원회, 《고등학교 국사》, 2002
문화유산채널, 〈반구대 암각화〉에서 문명대 교수 인터뷰 인용
KBS 역사스페셜팀, 《역사스페셜 1》, 효형출판, 2000

02
강응천 외, 《한국생활사박물관 1 선사생활관》, 사계절, 2002
윤용이, 《우리 옛 도자기의 아름다움》, 돌베개, 2013

03
고광민, 〈제주도 '따비'로 본 농경문 청동기 해석〉, 1994에서 재인용
한병삼, 〈선사시대 농경문 청동기에 대하여〉, 《고고미술》 112호, 1969
김병모, 〈한국 청동기시대의 경제〉, 《한국의 농경문화》 제3집, 경기대학교박물관, 1991
송재용, 《미암일기 연구》, 제이앤씨, 2008
이병호 외, 《미술 시간에 한국사 공부하기》, 웅진주니어, 2011
최형철, 《박물관 속의 한국사》, 휴머니스트, 2007

04
이재정, 《친절한 우리 문화재 학교》, 길벗어린이, 2007

05
조유전, 《발굴 이야기》, 대원사, 1997
조유전·이기환, 《한국사 미스터리》, 황금부엉이, 2004
최형철, 《박물관 속의 한국사》, 휴머니스트, 2007

06
최형철, 《박물관 속의 한국사》, 휴머니스트, 2007
〈피랍국보 한강서 귀환〉, 《동아일보》, 1967.10.25, 네이버 뉴스 라이브러리

07
구자봉, 〈삼국시대의 환두대도 연구〉, 영남대학교 대학원, 2004
김도영, 〈삼국시대 용봉문 환두대도의 제작기술론적 접근〉, 영남대학교 대학원, 2012
신성미 외, 〈경주 금관총 출토 환두대도에 새겨진 '尒斯智王'은 누구일까〉, 〈동아일보〉, 2013.07.04
이한상, 〈삼국시대 환두대도의 제작과 소유방식〉, 동양대학교, 2004

08
이강섭, 〈목제주령구의 제작 기법 및 수학교육적 의미〉, 《한국수학사학회지》 제19권 제3호, 2006
조유전, 《발굴 이야기》, 대원사, 1997
KBS 역사스페셜 제작팀, 《역사스페셜 1》, 효형출판, 2000

09
국사편찬위원회, 《고등학교 국사 교과서 교사용 지도서》, 교육인적자원부, 2007
박정근 외, 《한국의 석조문화》, 다른세상, 2004
이광표, 《국보 이야기》, 컬처북스, 2014
한국문화유산답사회, 《답사여행의 길잡이 – 경북 북부》, 돌베개, 2001
한국건축역사학회, 《한국건축답사수첩》, 동녘, 2006

10
유홍준·윤용이, 《알기 쉬운 한국 도자사》, 학고재, 2001
유홍준, 《유홍준의 한국 미술사 강의 2》, 눌와, 2014
윤용이, 《우리 옛 도자기의 아름다움》, 돌베개, 2013
최순우, 《무량수전 배흘림 기둥에 기대서서》, 학고재, 2002

11
방병선, 《순백으로 빚어낸 조선의 마음, 백자》, 돌베개, 2002
송재선, 《우리나라 도자기와 가마터》, 동문선, 2003
유홍준, 《유홍준의 국보순례》, 눌와, 2011

12
강민기 외, 《클릭, 한국미술사》, 예경, 2011
권오영 외, 《문화재대관 – 국보 도자기 및 기타》, 문화재청, 2011
유홍준, 《유홍준의 국보순례》, 눌와, 2011

13
김귀정, 《장승벌타령》, 책읽는곰, 2008
박정근 외, 《한국의 석조문화》, 다른세상, 2004
주강현, 《어린이를 위한 주강현의 우리문화 1》, 아이세움, 2005
주강현, 《우리문화의 수수께끼 2》, 한겨레신문사, 2004

14
박영대, 《우리가 정말 알아야 할 우리 그림 백가지》, 현암사, 2002
오주석, 《옛 그림 읽기의 즐거움 1》, 솔, 2004
안휘준, 《한국 회화의 이해》, 시공아트, 2006
최석조, 《우리 옛 그림의 수수께끼》, 아트북스, 2010
허균, 《나는 오늘 옛 그림을 보았다》, 북폴리오, 2004

15
김지은, 〈조선시대 지두화에 대한 인식과 제작양상 : 18-19세기를 중심으로〉, 《미술사학연구》 제265호, 2010
유홍준, 《화인열전 2》, 역사비평사, 2001
최석조, 《우리 옛 그림의 수수께끼》, 아트북스, 2010

16
국립중앙박물관 어린이박물관, 《그림 숲에서 만난 작은 친구들》, 국립중앙박물관, 2013
박영수, 《유물 속의 동물 상징 이야기》, 내일아침, 2005
백인산, 《선비의 향기, 그림으로 만나다》, 다섯수레, 2012
오주석, 《오주석의 한국의 미 특강》, 솔, 2009
최석조, 《우리 옛 그림의 수수께끼》, 아트북스, 2010

17
양택규, 《경복궁에 대해 알아야 할 모든 것》, 책과함께, 2007
허균, 《사료와 함께 새로 보는 경복궁》, 한림미디어, 2005

18
김주형, 〈유아교육기관에서의 승람도 놀이 적용연구〉, 서울여자대학교, 2011
길태숙 외, 〈전통 Table Board 게임 〈승람도놀이〉의 특징과 현대적 실현 가능성〉, 《한국게임학회지》제8권 제2호, 상명대학교, 2008
유홍준, 《나의 문화유산답사기 1 남도답사 일번지》, 창작과비평사, 1995
《한국세시풍속사전》, 국립민속박물관, 2007

19
구문경, 〈국립중앙박물관 선정유물 100선〉, 네이버캐스트, 2011
최형철, 《박물관 속의 한국사》, 휴머니스트, 2007
KBS 한국의 유산, 〈손기정 기증 투구〉, 2011

미술활동
바탕소미술교육연구소, 《기를 살리는 창의 미술》, 바탕소, 2013
한국미술문화연구회, 《반갑다 미술 교과서》, 미진사, 2009

사진 자료

국립경주박물관
목제 주령구 74

국립민속박물관
따비 32

국립부여박물관
고리자루칼 장식(용·봉황, 세 개의 고리, 풀) 70, 71

국립중앙박물관
빗살무늬 토기 20, 24 | 농경문 청동기 33, 34 | 비파형 동검 38 | 청동검 42 | 청동 방울 42 | 청동 거울 42 | 호우명 청동 그릇 46, 49 | 월지 불상 60 | 금관총 금관 66 | 월지 전경 76 | 꽃모양 청자 잔과 잔받침 99 | 청화 백자 모란 무늬 매병 108 | 청화 백자 접시 108 | 백자 철화 끈무늬 병 112 | 백자 철화 용무늬 항아리 114 | 김명국 〈달마도〉 147 | 신사임당 〈초충도〉 수박과 쥐 156 | 〈해동남승도〉 172

간송미술관
김홍도 〈해탐노화도〉 150, 154 | 김홍도 〈황묘농접도〉 156 | 겸재 정선 〈압구정〉 178

삼성미술관 Leeum
청자 양각 대나무 마디 무늬 병 94, 101 | 백자 청화 망우대 초충문 접시 104

선문대학교 박물관
최북 〈게〉 142

연합뉴스
반구대 전경 10 | 반구대 암각화 고래 그림 12 | 수중 발굴 98 | 베를린 올림픽의 손기정 선수 184 | 시상대에 오른 손기정 선수 186

이미지포스트
장승 120

정상운
나주 운흥사 돌장승 122

정영호
경복궁 자경전 160, 162, 165, 166

조거현
법주사 팔상전 5층 목탑 87

조유진
제주도 돌하르방 123

이 책의 저자 또는 도서출판 책과함께가 보유한 사진 자료는 출처를 따로 적지 않았습니다.
도서출판 책과함께는 이 책에 실은 모든 사진 자료의 출처와 저작권자를 찾아 허락을 받기 위해 최선을 다했습니다.
허가를 받지 못한 일부 도판은 저작권자가 확인되는 대로 사용 허가를 받고 일반적인 사용료를 지불하겠습니다.

눈으로 보고 손으로 만드는 한국사 유물 열아홉

1판 1쇄 2015년 7월 27일
1판 3쇄 2019년 8월 8일

글 | 안민영
그림 | 김윤영

펴낸이 | 류종필
편집 | 장이린
마케팅 | 김연일, 김유리
디자인 | D_Cause 이혜경

펴낸곳 | (주)도서출판 책과함께
주소 | 서울시 마포구 동교로 70 소와소빌딩 2층
전화 | 02-335-1982 팩스 | 02-335-1316
전자우편 | prpub@hanmail.net
블로그 | blog.naver.com/prpub
등록 | 2003년 4월 3일 제25100-2003-392호

이 책의 저작권은 지은이 안민영과 그린이 김윤영, (주)도서출판 책과함께에 있습니다.
이 책의 내용을 이용하려면 저작권자와 출판사에게 모두 서면 동의를 받아야 합니다.
잘못된 책은 구입하신 서점에서 바꾸어 드립니다.

이 도서의 국립중앙도서관 출판시도서목록(CIP)은 서지정보유통지원시스템 홈페이지(http://seoji.nl.go.kr)와 국가자료공동목록시스템(http://www.nl.go.kr/kolisnet)에서 이용하실 수 있습니다.
(CIP제어번호 : CIP2015019324)

ISBN 979-11-86293-26-3 73900

호우명 청동 그릇 바닥

만들기 부록 05

실제 크기 높이 19.4센티미터, 몸통 지름 24센티미터

만들기 부록 12

백자 철화 끈무늬 병

실제 크기 높이 30.4센티미터, 입지름 7센티미터, 밑지름 10.6센티미터

만들기 부록 08 주령구 전개도

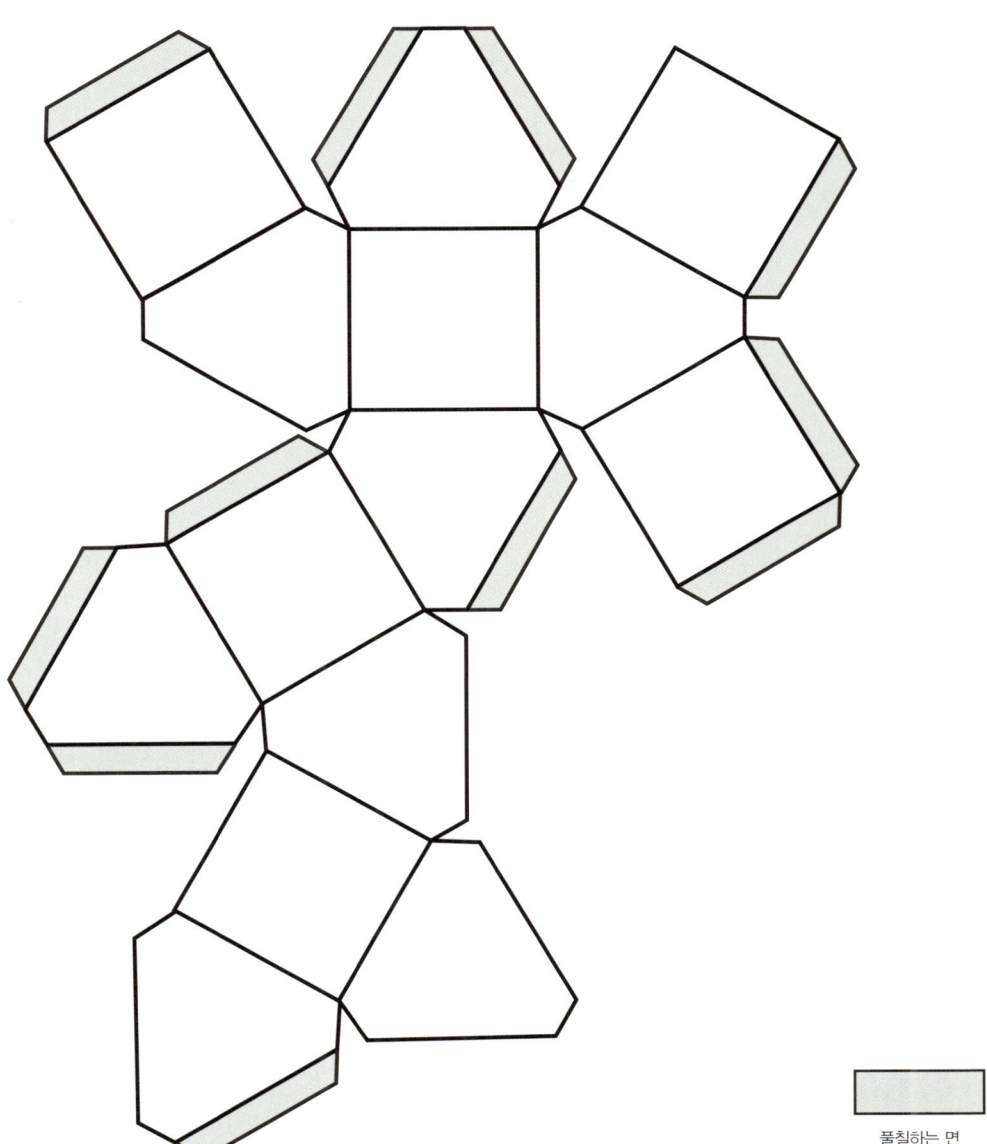

풀칠하는 면